RECUEIL

DES BULLETINS

DES ARMÉES FRANÇAISES,

EN ALLEMAGNE ET EN ITALIE,

PENDANT la Guerre de huit Semaines, du 15 Vendémiaire au 11 Frimaire an XIV.

PRIX : 2 francs 50 centimes (2 livres 10 sols) pour Rouen , et 3 francs 25 centimes (3 livres 5 sols) pour les Départements, *franc de port*.

RECUEIL
DES BULLETINS
DES ARMÉES FRANÇAISES,
EN ALLEMAGNE ET EN ITALIE,

PENDANT la Guerre de huit Semaines, du 15 Vendémiaire au 11 Frimaire an XIV;

PRÉCÉDÉ d'un Extrait de la Séance du Sénat-Conservateur, du 1er Vendémiaire an XIV, contenant le Discours de S. M. l'EMPEREUR et ROI, et l'Exposé de la conduite réciproque de la France et de l'Autriche, depuis la Paix de Lunéville;

TERMINÉ par la Copie du Traité de Paix signé à Presbourg le 26 Décembre 1805; et une Notice sommaire des principaux Evènements qui ont eu lieu depuis la signature de ce Traité:

LE tout accompagné d'une Carte du théâtre de la Guerre, exécutée avec des Caractères d'Imprimerie.

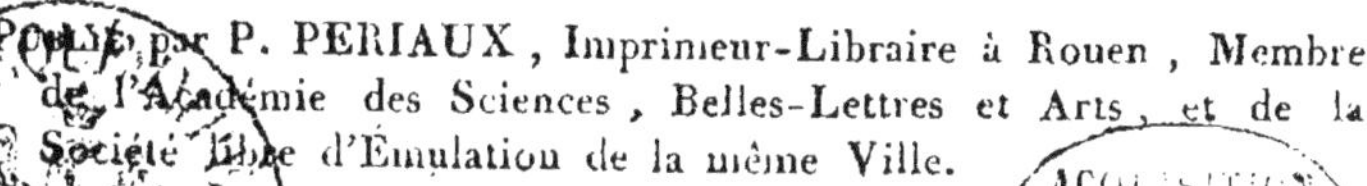

PUBLIÉ par P. PERIAUX, Imprimeur-Libraire à Rouen, Membre de l'Académie des Sciences, Belles-Lettres et Arts, et de la Société libre d'Émulation de la même Ville.

SE VEND,

A PARIS, chez PETIT, Libraire, Palais du Tribunat, Galerie vîtrée, nº 229;

A ROUEN, chez l'ÉDITEUR, rue de la Vicomté, nº 30;

ET chez les Marchands de Nouveautés.

1806.

LE SIÈCLE IMPROMPTU.

» Tandis que ces trois mois dix jours,
» Entre l'une et l'autre Ère intercalaire espace,
» Dans nos fastes semblaient, de leur rapide cours,
» Devoir laisser à peine une légère trace;
» Par ses faits inouis, le Héros d'Austerlitz,
» D'un immortel burin, gravant dans notre Histoire
» Chacun de ces cent jours marqués par la Victoire,
» Entre l'an treize et l'an dix-huit cent six,
» Vient de placer un Siècle entier de Gloire «.

(Extrait du Moniteur, n° 100, du 10 Nivôse an XIV (31 Décembre 1805), veille du jour fixé pour la mise en usage du Calendrier Grégorien).

AVIS DE L'ÉDITEUR.

LA *meilleure* Introduction *qui puisse figurer en tête du* Recueil des Bulletins des Armées françaises, en Allemagne et en Italie, *est, sans contredit, le Discours de S. M. l'*EMPEREUR *et* ROI, *au Sénat-Conservateur, dans sa Séance du 1er Vendémiaire an XIV* (23 *Septembre* 1805), *et l'Exposé de la conduite réciproque de la France et de l'Autriche, depuis la Paix de Lunéville, lu, par S. E. le Ministre des relations extérieures, dans la même Séance. On en trouvera ci-après la Copie littérale, d'après le* Moniteur.

Les Bulletins sont imprimés tels qu'ils ont été insérés dans le même Journal. Nous y avons seulement ajouté, en Notes, divers Articles qui nous ont paru présenter quelqu'intérêt.

Les Bulletins de la grande Armée sont imprimés de suite et par ordre de dates.

Ceux de l'Armée d'Italie suivent immédiatement.

Le tout est terminé par la Copie du Traité de Paix, signé à Presbourg le 26 *Décembre* 1805, *et une Notice sommaire des princi-*

paux Evènements qui ont eu lieu depuis la signature de ce traité.

Ce Recueil, à l'exactitude duquel nous avons donné des soins, sera sans doute considéré comme l'Histoire succincte et abrégée d'une Guerre qui fut presqu'aussitôt terminée que commencée, et dont on ne trouve point d'exemples dans les Annales des Nations.

Nous avons pensé que nous pouvions, sans nous écarter de notre but, intercaler, dans ce Recueil, la Notice des Députations du Sénat, du Tribunat et des Maires de Paris à l'EMPEREUR. On y verra toujours, avec un nouveau plaisir, l'expression des sentiments de tous les Français pour leur auguste SOUVERAIN.

Nota. Vu le changement de Calendrier, nous avons cru devoir rapprocher le Style Grégorien du Style Républicain, dans les dates des Bulletins.

EXTRAIT
DE LA SÉANCE
DU SÉNAT-CONSERVATEUR.

Du 1er vendémiaire an 14 (23 septembre 1805.)

Discours de S. M. l'EMPEREUR et ROI.

» SÉNATEURS,

» DANS les circonstances présentes de l'Europe, » j'éprouve le besoin de me trouver au milieu de vous, » et de vous faire connaître mes sentiments.

» Je vais quitter ma capitale pour me mettre à la » tête de l'armée, porter un prompt secours à mes al- » liés, et défendre les intérêts les plus chers de mes » peuples.

» Les vœux des éternels ennemis du continent sont » accomplis : la guerre a commencé au milieu de l'Al- » lemagne. L'Autriche et la Russie se sont réunies à » l'Angleterre, et notre génération est entraînée de nou- » veau dans toutes les calamités de la guerre. Il y a » peu de jours, j'espérais encore que la paix ne serait » point troublée; les menaces et les outrages m'avaient » trouvé impassibles : mais l'armée autrichienne a pasé » l'Inn, Munich est envahie, l'électeur de Bavière est » chassé de sa capitale; toutes mes espérances se sont » évanouies.

» C'est dans cet instant que s'est dévoilée la mé- » chanceté des ennemis du continent. Ils craignaient » encore la manifestation de mon profond amour pour » la paix; ils craignaient que l'Autriche, à l'aspect du » gouffre qu'ils avaient creusé sous ses pas, ne revînt

» à des sentiments de justice et de modération; ils » l'ont précipitée dans la guerre. Je gémis du sang qu'il » va en coûter à l'Europe; mais le nom français en » obtiendra un nouveau lustre.

» Sénateurs, quand, à votre vœu, à la voix du peuple » français tout entier, j'ai placé sur ma tête la cou» ronne impériale, j'ai reçu de vous, de tous les ci» toyens, l'engagement de la maintenir pure et sans ta» che. Mon peuple m'a donné dans toutes les circonstan» ces des preuves de sa confiance et de son amour : il » volera sous les drapeaux de son EMPEREUR et de son » armée, qui dans peu de jours auront dépassé les fron» tières.

» Magistrats, soldats, citoyens, tous veulent main» tenir la patrie hors de l'influence de l'Angleterre qui, » si elle prévalait, ne nous accorderait qu'une paix en» vironnée d'ignominie et de honte, et dont les prin» cipales conditions seraient l'incendie de nos flottes, » le comblement de nos ports et l'anéantissement de » notre industrie.

» Toutes les promesses que j'ai faites au peuple » français, je les ai tenues. Le peuple français, à son » tour, n'a pris aucun engagement avec moi qu'il n'ait » surpassé. Dans cette circonstance, si importante pour » sa gloire et la mienne, il continuera de mériter ce » nom de Grand-Peuple dont je le saluai au milieu » des champs de bataille.

» Français, votre EMPEREUR fera son devoir, mes » soldats feront le leur : vous ferez le vôtre.

Exposé de la conduite réciproque de la France et de l'Autriche, depuis la paix de Lunéville, lu par le ministre des relations extérieures.

TOUTE l'Europe sait que, dans la guerre, au milieu même des succès les plus signalés et les plus décisifs, l'EMPEREUR DES FRANÇAIS n'a pas cessé de désirer la paix; qu'il l'a souvent offerte à ses ennemis; qu'après les avoir réduits à la recevoir comme un bienfait, il la leur a donnée à des conditions qu'ils n'auraient pas osé se promettre, et qui ont rendu sa modération non moins éclatante que ses victoires. Il sent tout le prix de la gloire acquise par les armes dans une guerre juste et nécessaire; mais il est une gloire plus douce et plus chère à son cœur; son premier vœu, le but constant de ses efforts, ont toujours été la tranquillité de l'Europe, le repos et la félicité des peuples.

Ce but était atteint. Ce vœu se trouvait rempli par la paix d'Amiens. L'EMPEREUR fit tout pour la rendre durable. Elle subsisterait encore si la prospérité croissante de la France n'en eût pas fixé le terme. D'abord, elle fut altérée par les démarches artificieuses et bientôt rompue par la perfidie ouverte du cabinet de Saint-James. Mais du moins la paix régnait sur le continent : à travers les prétextes mensongers et vains dont l'Angleterre cherchait à se couvrir, l'Europe démêlait aisément ses véritables motifs.

L'Angleterre craignait de voir se relever de leurs ruines, et comme renaître de leurs cendres, les colonies françaises qui avaient été et qui pouvaient redevenir si florissantes : la jalousie voulait étouffer ou du moins arrêter, dans son essor, l'industrie française ranimée par la paix : elle nourrissait le désir insensé d'éloigner le pavillon français des mers où il parut jadis avec tant d'éclat, ou du moins de le réduire à ne plus s'y montrer que dans un état d'abaissement indigne du rang que la France tient entre les nations. Mais ce n'étaient pas là les seuls motifs de l'Angleterre ; elle était encore poussée par cette insatiable avidité qui lui fait convoiter le monopole de tous les commerces et de toutes les industries, par cet orgueil démesuré qui lui persuade qu'elle est la souveraine des mers, et qui est l'unique fondement du despotisme monstrueux qu'elle y exerce.

La cause que la France avait à défendre était donc la cause de l'Europe, et il était naturel de penser que ni les intrigues de l'Angleterre, ni l'or qu'elle annonçait à tous ceux qui voudraient servir son ambition (1), ni ses promesses fallacieuses ne pourraient engager dans son parti aucune des puissances continentales. Aucune, en effet, ne parut vouloir accueillir ses propositions et ses instances.

Tranquille sur les dispositions du continent, l'EMPEREUR tourna toutes ses pensées vers la guerre maritime, pour laquelle il lui fallait tout créer. Des flottes furent construites, des ports furent creusés, des camps s'élevèrent sur les bords de l'océan ; l'EMPEREUR y réunit toutes les forces de son empire, et ses troupes, se formant sous ses yeux à des opérations toutes nouvelles, se préparèrent à de nouveaux triomphes.

L'Angleterre vit quels dangers la menaçaient. Elle crut les détourner par des crimes. Des assassins furent jettés sur les côtes de France. Les ministres anglais près les puissances neutres devinrent les agents d'une guerre infâme autant qu'atroce, d'une guerre de conspirations et d'assassinats.

---

(1) M. Pitt, dans la séance du 18 février 1805, après avoir présenté le budjet de l'année, demanda et obtint, pour ce qu'il appela *continental uses*, cinq milions sterlings.

Et dans la séance du 12 juillet, jour de la clôture du parlement il demanda et obtint, *pour le même usage*, un supplément de trois millions et demi sterlings.

L'EMPEREUR vit ses misérables complots. Il les méprisa, et n'en offrit pas moins la paix aux mêmes conditions auxquelles elle avait été précédemment faite.

Tant de générosité ne put calmer et sembla plutôt accroître les fureurs du cabinet de Saint-James. Sa réponse fit voir clairement qu'il ne penserait à la paix qu'après avoir perdu l'espoir de couvrir le continent de carnage et de sang. Mais il sentait que, pour venir à bout d'un tel dessein, il ne lui suffisait pas d'associer à ses vues une puissance, étrangère presqu'autant que l'Angleterre, par sa position, au système continental; que n'ayant rien à attendre de la Prusse, dont les sentiments étaient trop connus, son espérance serait vaine tant que l'Autriche resterait fidèle à sa neutralité.

L'Autriche, après avoir éprouvé deux fois, à l'issue de deux guerres malheureures, aux époques des traités de Campo-Formio et de Lunéville, jusqu'à quel point la France aimait à se montrer généreuse envers un ennemi vaincu, n'avait pas, comme la France, religieusement observé ses traités. Nonobstant leurs stipulations formelles, la dette de Venise n'était point acquittée; elle était même déclarée anéantie. L'EMPEREUR savait que ses sujets de Milan et de Mantoue éprouvaient un déni de justice, et que la cour de Vienne n'en payait aucun, au mépris des engagements solennels qu'elle avait contractés.

Il savait que les relations de commerce de son royaume d'Italie avec les états héréditaires étaient entravées, et que ses sujets français et italiens ne trouvaient en Autriche qu'un accueil bien différent de celui auquel l'état de paix leur donnait le droit de s'attendre.

Dans le partage des indemnités en Allemagne, l'Autriche avait été traitée avec une faveur qui devait combler ses désirs et passer même ses espérances. Cependant ses démarches annonçaient que son ambition n'était pas satisfaite. Elle employait tour-à-tour la séduction et les menaces pour se faire céder, par de petits princes, des possessions à sa convenance. C'est ainsi qu'elle avait acquis, sur le lac de Constance, Lindau, et dans le lac même, l'île de Menan, ce qui mettait entre ses mains l'une des clefs de la Suisse. Elle s'était fait céder par l'ordre Teutonique, Altkousen, ce qui la rendait maîtresse d'un poste important, le poste de la Rhinau. Elle avait agrandi son territoire par une foule d'autres acquisitions. Elle en méditait de nouvelles.

Comme moyen d'agrandissement, elle ne craignait pas d'employer des usurpations évidentes, qu'elle cherchait à voiler par des formes légales.

C'est ainsi que, sous le prétexte d'un droit d'épave (droit auquel elle avait expressément renoncé par un traité, et dont l'exercice était incompatible avec l'exécution du recès de l'empire germanique), elle s'appropriait des possessions qu'elle feignait de croire en déshérence et sans propriétaires légitimes, quoique le recès en eût formellement disposé pour la répartition des indemnités. Elle frustrait par-là plusieurs princes de celles qu'il avait été trouvé juste de leur assigner; sous prétexte de ce même droit d'épave, que, relativement aux suisses, elle appelait droit d'incamération, elle enlevait à l'Helvétie des capitaux considérables. Elle séquestrait en Bohême les fiefs appartenants à un prince voisin, sous le prétexte de compensations dues à l'électeur de Salzbourg, et dont elle prétendait, contre tout droit, se constituer seule l'arbitre. Elle insistait, avec menaces, pour conserver des recruteurs dans les provinces bavaroises, en Franconie et en Souabe, et elle y entravait, de tout son pouvoir, la conscription pour l'armée électorale. Abusant de prérogatives autrefois données au chef de l'empire germanique, pour l'utilité commune des états qui le composent, et tombées en désuétude, elle les faisait revivre pour troubler l'exercice de la souveraineté des princes voisins sur les possessions qui leur étaient échues en partage, et pour les priver, dans les diètes, de l'accroissement d'influence qui devait résulter de ses possessions.

Le recès de l'Empire, conséquence et complément du traité de Lunéville, avait pour objet, indépendamment de la répartition des indemnités, d'établir, par cette répartition même, dans le midi de l'Allemagne, un équilibre qui en assurât l'indépendance, et de prévenir les causes éventuelles de mésintelligence et de guerre qu'un contact immédiat des territoires de la France et de l'Autriche aurait pu fréquemment faire naître. Tel était le vœu des médiateurs et de l'empire germanique, c'était le vœu de la justice, de la raison, d'une politique humaine et conforme aux vrais intérêts de l'Autriche elle-même.

L'Autriche renversait donc ce que le recès avait établi si sagement, lorsque, par ses acquisitions en Souabe, elle affaiblissait la barrière qui devait la séparer de la France, lorsqu'elle tendait à s'interposer entre la France et les principaux états du midi de l'Allemagne, et lorsque, par un système combiné de sequestres, de prétentions, de caresses et de menaces, elle tendait, sans relâche, à s'assurer une influence exclusive, universelle et arbitraire sur cette partie de l'empire germanique; elle violait donc évidemment les traités, et chacun de ses actes devait être considéré comme une infraction de la paix.

Depuis la rupture du traité d'Amiens, l'Autriche s'était plus d'une fois montrée partiale en faveur de l'Angleterre; elle avait reconnu, par le fait, ce prétendu droit de blocus que le cabinet de Saint-James a osé s'arroger, et suivant lequel une simple déclaration de l'amirauté anglaise suffit pour mettre en interdit toutes les côtes d'un vaste empire ; elle avait souffert, sans réclamer et sans se plaindre, que la neutralité de son pavillon fût continuellement violée au détriment de la France, contre laquelle toutes les violences faites aux pavillons neutres étaient évidemment dirigées.

Tous ces faits étaient connus de l'EMPEREUR : plusieurs excitèrent sa sollicitude. C'étaient de véritables griefs ; ils auraient été de justes motifs de guerre ; mais, par amour de la paix, l'EMPEREUR même s'abstint de toute plainte, et la cour de Vienne ne reçut de lui que de nouveaux témoignages de déférence. Il s'était fait une loi d'éviter tout ce qui aurait pu causer à l'Autriche le plus léger ombrage.

Lorsqu'appelé par les vœux de ses peuples d'Italie il se rendit à Milan, des troupes furent rassemblées, des camps furent formés, dans l'unique vue de mêler les pompes militaires aux solennités religieuses et politiques, et de présenter la majesté souveraine au milieu de cet appareil qui plaît aux yeux des peuples ; l'EMPEREUR conviendra qu'il avait aussi quelque plaisir à voir réunis ses compagnons d'armes dans des lieux et sur les terreins même consacrés par la victoire : mais voulant prévenir les inquiétudes de la cour de Vienne, s'il était possible qu'elle en conçût aucune, il la fit assurer de ses intentions pacifiques, en déclarant que les camps qui avaient été formés seraient levés au bout de quelques jours, et cette promesse fut exactement remplie.

L'Autriche répondit par des protestations également amicales et pacifiques, et l'EMPEREUR quitta l'Italie avec la douce persuasion que la paix du continent serait maintenue.

Quel fut son étonnement lorsqu'à peine de retour en France, étant à Boulogne, hâtant les préparatifs d'une expédition qu'il était enfin au moment d'effectuer, il reçut de toutes parts la nouvelle qu'un mouvement général était imprimé à toutes les forces de la monarchie autrichienne, qu'elles se portaient, à marches forcées, sur l'Adige, dans le Tyrol et sur les rives de l'Inn, qu'on rappelait les sémestriers, qu'on formait des magasins, qu'on fabriquait des armes, qu'on faisait des levées de chevaux, qu'on fortifiait les gorges du Tyrol, qu'on fortifiait Vénise, qu'on faisait enfin tout ce qui annonce et caractérise une guerre imminente?

L'Empereur ne put d'abord croire que l'Autriche voulût sérieusement la guerre, qu'elle voulût se commettre à de nouveaux hasards, et condamner à de nouvelles calamités ses peuples fatigués par tant de revers, épuisés par tant de sacrifices.

Maître par deux fois de priver pour toujours la maison d'Autriche de la moitié de ses états héréditaires, loin de diminuer sa puissance, il l'avait accrue. S'il ne pouvait pas compter sur sa reconnaissance, il croyait pouvoir compter sur sa loyauté. Il lui avait donné la plus haute marque de confiance qu'il lui fût possible de donner, en laissant dégarnies et désarmées ses frontières continentales. Il la croyait incapable d'en abuser, parce qu'il l'aurait été lui-même. Il est des soupçons qui ne peuvent entrer dans les cœurs généreux, ni trouver place dans un esprit réfléchi.

L'Empereur se plaisait à s'affermir dans ces favorables présomptions, et il ne craignait pas de manifester à quel point il désirait de les voir fondées. La cour de Vienne ne négligea rien pour en prolonger l'illusion. Elle multiplia les déclarations pacifiques; elle protesta de son religieux attachement aux traités; elle autorisa son ambassadeur à faire les déclarations les plus rassurantes; elle chercha enfin, soit par des explications plausibles, soit par des dénégations formelles, à dissiper les soupçons que ses mesures pouvaient faire naître.

Cependant les préparatifs hostiles redoublant tous les jours d'activité et d'étendue, devenaient plus difficiles à justifier. L'EMPEREUR ordonna que M. le comte Philippe de Cobentzl, ambassadeur de la cour de Vienne, fût invité à de nouvelles conférences, et que la correspondance des agents diplomatiques et commerciaux de S. M. lui fût communiquée. Quatre jours consécutifs, M. de Cobentzl se rendit chez le ministre des relations extérieures, qui mit sous ses yeux les dépêches précédemment reçues et celles qui arrivaient successivement de tous les points de l'Allemagne et de l'Italie. Les cabinets de l'Europe trouveront dans leurs archives peu d'exemples de communications semblables, faites dans des circonstances où le soupçon était si naturel. L'EMPEREUR ne pouvait donner une preuve plus convaincante de sa bonne foi. Il ne pouvait porter plus loin la loyauté et la délicatesse. L'ambassadeur de Vienne prenait connaissance des renseignements les plus positifs, les plus incontestables qui, de toutes parts, annonçaient l'éclat prochain d'une guerre toujours préparée et si soigneusement dissimulée.

Que pouvait-il répondre ? Jusqu'à ce moment la paix avait été hautement professée par sa cour à Paris et à Vienne. Mais sur toutes ses frontières, la guerre était enfin ouvertement organisée.

Toutefois, l'EMPEREUR ne voulut pas rejeter tout espoir de rapprochement ; il se persuada que l'Autriche pouvait être entraînée par des suggestions étrangères ; il résolut de tout faire pour la ramener au sentiment de ses véritables intérêts ; il lui représenta que, si elle ne voulait pas la guerre, tous ses préparatifs étaient sans objet, puique tous ses voisins étaient en paix ; qu'elle servait alors, contre son intention et à son insçu, le parti de l'Angleterre, en faisant en sa faveur une diversion non moins puissante et plus nuisible à la France que ne le serait une guerre déclarée.

Si elle voulait la guerre, il lui en fit envisager les suites probables. Supérieur à toutes les considérations qui n'arrêtent que la faiblesse, il ne dissimula pas qu'il craignait la guerre, non qu'après tant de combats livrés dans les trois parties de l'ancien monde, il puisse craindre des dangers bravés tant de fois, et tant de fois surmontés; mais il craignait la guerre à cause du sang qu'elle fait verser, à cause des sacrifices sans nombre qu'elle devait coûter à l'Europe; et, par suite d'un amour peut-être excessif pour la paix, il conjura l'Autriche de cesser des préparatifs qui, dans l'état présent de l'Europe, et dans la situation particulière de la France, ne pouvaient être considérés que comme une déclaration de guerre, comme le résultat d'un accord qu'elle aurait fait avec l'Angleterre.

Bien plus, il désira que des représentations semblables fussent adressées à la cour de Vienne par tous ses voisins (1) qui, quoique étrangers à la cause de la guerre, quelle que puisse être cette cause, devaient craindre d'en être les victimes.

La conduite de la cour de Vienne affaiblissait chaque jour l'espérance. Loin de cesser ses préparatifs, elle les augmentait. Elle effrayait, par ses armements, les peuples de la Bavière et de la Souabe. Elle faisait craindre à ceux de l'Helvétie de se voir ravir le repos que l'acte de médiation leur a rendu. Tous invoquaient la France comme leur appui, comme le garant de leurs droits.

Cependant elle dissimulait encore, et, comme un gage de ses intentions pacifiques, elle offrait une sorte d'intervention qu'il est difficile de caractériser; mais qui, à ne considérer que son objet apparent, pouvait être regardée comme oiseuse et puérile. L'Empereur de Russie avait fait demander des passe-ports pour l'un de ses chambellans qu'il était dans l'inten-

(1) La Bavière, l'Helvétie, le Corps germanique.

tion d'envoyer à Paris. L'EMPEREUR ignorait quelles étaient les vues du cabinet de Pétersbourg. Elles ne lui furent jamais officiellement communiquées ; mais toujours prêt à saisir tout ce qui pouvait conduire à un rapprochement, il avait accordé les passe-ports sans délai comme sans explication. Toute l'Europe sait quel était le prix de sa déférence ; l'EMPEREUR apprit ensuite, par des voies indirectes et aussi par les bruits qui s'en sont répandus en Europe, que le dessein de la cour de Russie avait été d'essayer, par des pourparlers, de faire goûter à Paris un système de médiation fort étrange, d'après lequel elle aurait à-la-fois stipulé pour l'Angleterre, dont elle avait, disait-elle, les pleins-pouvoirs (ce qui prouve jusqu'à quel point l'Angleterre était sûre d'elle) et négocié pour son propre compte ; de sorte que, médiatrice de nom, elle aurait été partie de fait, et à deux titres différents. Tel était le but de l'intervention que la Russie avait projettée, et à laquelle elle avait elle-même renoncé, sans doute parce que la réflexion lui en avait fait sentir l'inconvenance. Or, c'était précisément cette même intervention que les bons offices de l'Autriche auraient eu pour objet de reproduire. Il n'était pas vraisemblable que la France se laissât placer dans une situation où ses ennemis réels, sous le doux nom de médiateurs, osaient se flatter de lui imposer une loi dure et outrageante ; mais le cabinet de Vienne, sans espérer peut-être que ses bons offices pussent être acceptés, trouvait un grand avantage à les offrir, celui d'abuser plus long-temps la France, de lui faire perdre du temps et d'en gagner lui-même.

Enfin, levant le masque, l'Autriche a, dans une réponse tardive, manifesté par son langage ce qu'elle avait annoncé par ses préparatifs ; aux représentations de la France, elle a répondu par des accusations. Elle s'est faite l'apologiste de l'Angleterre ; et, annonçant qu'elle ouvrait ses Etats à deux armées russes, elle a avoué hautement le concert dans lequel elle est entrée avec la Russie en faveur de l'Angleterre.

Cette réponse de la cour de Vienne, pleine à-la-fois d'allégations injurieuses, de menaces et d'astuce, avait dû naturellement exciter l'indignation de l'EMPEREUR; mais, à travers ces injures et ces menaces, croyant entrevoir quelques idées qui semblaient permettre d'espérer qu'un arrangement serait encore possible, l'EMPEREUR fit céder sa fierté naturelle à des considérations toutes puissantes sur son cœur.

L'intérêt de ses peuples, celui de ses alliés et de l'Allemagne, qui allait devenir le théâtre de la guerre, le désir aussi de faire quelque chose d'agréable pour un prince qui, repoussant avec une honorable constance les insinuations, les instances, les offres tant de fois réitérées de l'Angleterre et de ceux qu'elle avait séduits, s'était montré toujours prêt à concourir, par ses bons offices, soit au rétablissement, soit au maintien de la paix; tous ces motifs portèrent l'EMPEREUR à faire taire ses justes ressentiments. Il se détermina à demander à la cour de Vienne des explications qui fissent connaître les bases sur lesquelles on pourrait négocier. Il ordonna au ministre des relations extérieures de préparer une note à cet effet: le courrier qui devait la porter était au moment de partir lorsque l'EMPEREUR apprit l'invasion de la Bavière.

L'électeur avait été sommé de joindre son armée à celle de l'Autriche, et comme si son refus prévu de faire cause commune avec l'Autriche, dont il n'a jamais reçu que du mal, contre la France, dont il n'a jamais reçu que du bien, eût été, pour la cour de Vienne, un juste motif de guerre, l'armée autrichienne, sans déclaration préalable, au mépris des devoirs qu'impose à l'Empereur d'Autriche sa qualité d'Empereur d'Allemagne, au mépris de la constitution germanique et de l'empire germanique lui-même, au mépris enfin de tous les droits les plus saints, avait passé l'Inn, et envahi la Bavière en pleine paix.

Après un tel acte de la cour de Vienne, l'Empereur ne pouvait plus rien avoir à lui demander. Il devenait évident que même ce congrès, proposé d'un ton si impérieux et dans des vues si visiblement hostiles contre la France, n'était qu'un nouveau piége tendu à sa bonne foi; que l'autriche, irrévocablement décidée à la guerre, ne reviendrait point à des idées pacifiques, et qu'elle n'était même plus libre d'y revenir. Les changes de toutes les places prouvaient jusqu'à l'évidence, qu'une partie des sommes accordées au ministère anglais, pour servir à ses fins sur le continent, était arrivée à sa destination, et la puissance qui avait ainsi trafiqué de son alliance, ne pouvait plus épargner le sang de ses peuples dont elle venait de recevoir le prix.

Toute explication ultérieure avec la cour de Vienne étant ainsi devenue impossible, la voie des armes est désormais la seule compatible avec l'honneur.

Que l'Angleterre s'applaudisse d'avoir enfin trouvé des alliés; qu'elle se réjouisse de ce que le sang va couler sur le continent; qu'elle se flatte que le sien sera épargné; qu'elle espère trouver sa sûreté dans les discordes des autres états; sa joie sera de courte durée, son espérance sera vaine, et le jour n'est pas éloigné où les droits des nations seront enfin vengés.

L'Empereur, obligé de repousser une agression injuste, qu'il s'est vainement efforcé de prévenir, a dû suspendre l'exécution de ses premiers desseins. Il a retiré des bords de l'Océan ses vieilles bandes tant de fois victorieuses, et il marche à leur tête. Il ne posera les armes qu'après avoir obtenu satisfaction pleine et entière, et sécurité complette, tant pour ses propres états que pour ceux de ses alliés.

BULLETINS

BULLETINS
DE LA GRANDE ARMÉE.

Ier BULLETIN.

Du 14 vendémiaire an 14 (6 octobre 1805).

L'EMPEREUR est parti de Paris le 2 vendémiaire et est arrivé le 4 à Strasbourg.

Le maréchal Bernadotte, qui, au moment où l'armée était partie de Boulogne, s'était porté de Hanovre sur Gottingue, s'est mis en marche par Francfort, pour se rendre à Wurtzbourg, où il est arrivé le 1er vendémiaire.

Le général Marmont, qui était arrivé à Mayence, a passé le Rhin sur le pont de Cassel, et s'est dirigé sur Wurtzbourg, où il a fait sa jonction avec l'armée bavaroise et le corps du maréchal Bernadotte.

Le corps du maréchal Davoust a passé le Rhin le 4 à Manheim, et s'est porté par Heidelberg et Necker-Eltz sur le Necker.

Le corps du maréchal Soult a passé le Rhin le même jour sur le pont qui a été jeté à Spire, et s'est porté sur Heilbronn.

Le corps du maréchal Ney a passé le Rhin le même jour sur le pont qui a été jeté vis-à-vis de Durlach, et s'est porté à Stuttgard.

Le corps du maréchal Lannes a passé le Rhin à Kehl le 3, et s'est rendu à Louisbourg.

Le prince Murat, avec la réserve de cavalerie, a passé le Rhin à Kehl le 3, et est resté en position pendant plusieurs jours devant les débouchés de la Forêt-Noire ; ses patrouilles, qui se montraient fréquemment aux patrouilles ennemies, leur ont fait croire que nous voulions pénétrer par ces débouchés.

Le grand parc de l'armée a passé le Rhin à Kehl le 8, et s'est rendu à Heilbronn.

L'Empereur a passé le Rhin à Kehl le 9, a couché à Ettlingen le même jour, y a reçu l'électeur et les princes de Bade, et s'est rendu à Louisbourg chez l'électeur de Wurtemberg, dans le palais duquel il a logé.

Le 10, les corps du maréchal Bernadotte et du général Marmont, et les Bavarois, qui étaient à Wurtzbourg, se sont réunis et se sont mis en marche pour se rendre sur le Danube.

Le corps du maréchal Davoust s'est mis en marche de Necker-Eltz et a suivi la route de Meckmül, Ingelfingen, Chreilsheim, Dunkeslsbühl, Frembdingen, Œttingen, Haarburg et Donawerth.

Le corps du maréchal Soult s'est mis en marche d'Heilbronn et a suivi la route d'Ochringen, Hall, Gaildorff, Abstgmund, Aalen et Nordlingen.

Le corps du maréchal Ney s'est mis en marche de Stuttgard, et a suivi la route de Esslingen, Goppingen, Weissenstein, Heydenheim, Nattheim et Nordlingen.

Le corps du maréchal Lannes s'est mis en marche de Louisbourg, et a suivi la route de Gross-Beutelspach à Pludershausen, Gmünd, Aalen et Nordlingen.

Voici la position de l'armée au 14 :

Le corps du maréchal Bernadotte et les Bavarois étaient à Weissenbourg.

Le corps du maréchal Davoust à Œttingen, à cheval sur la Reinitz.

Le corps du maréchal Soult à Donawerth, maître du pont de Munster, et faisant rétablir celui de Donawerth.

Le corps du maréchal Ney, à Koessingen.

Le corps du maréchal Lannes, à Neresheim.

Le prince Murat avec ses dragons bordant le Danube.

L'armée est pleine de santé, et brûlant du désir d'en venir aux mains.

L'ennemi s'était avancé jusqu'aux débouchés de la Forêt-Noire, où il parait qu'il voulait se maintenir et nous empêcher de pénétrer.

Il avait fait fortifier l'Iller. Memmingen et Ulm se fortifiaient en grande hâte.

Les patrouilles qui battent la campagne assurent qu'il a contremandé ses projets, et qu'il paraît fort déconcerté par nos mouvements aussi nouveaux qu'inattendus.

Les patrouilles françaises et ennemies se sont souvent rencontrées; dans ces rencontres nous avons fait quarante prisonniers du régiment à cheval de Latour.

Ce grand et vaste mouvement nous a portés en peu de jours en Bavière; nous a fait éviter les montagnes Noires, la ligne de rivières parallèles qui se jettent dans la vallée du Danube, l'inconvénient attaché à un système d'opérations qui auraient toujours en flanc les débouchés du Tyrol, et enfin nous a placés à plusieurs marches derrière l'ennemi, qui n'a pas de temps à perdre pour éviter sa perte entière.

Traduction d'une proclamation du lieutenant-général Deroy.

Soldats,

La patrie vous appelle à sa défense.

Au milieu de la paix notre électeur a été attaqué par l'Autriche; la Bavière est inondée de ses troupes.

Votre prince désirait rester neutre, et vous vous êtes vus forcés d'éviter les armées autrichiennes pour prévenir un engagement.

Mais l'Autriche vous force à les rechercher. Elle exigeait votre incorporation dans son armée ; elle voulait votre désarmement.

Vous savez de quelle manière vous avez été traités dans les dernières campagnes. Alors vous combattiez pour cette puissance ; vous marchiez en corps, et l'on vous soumit à des fatigues inouies.

Quel eût été votre sort, lorsque disséminés dans son armée, vous n'eussiez plus osé vous dire Bavarois, les fidèles sujets de Maximilien-Joseph !

Vous n'avez pas voulu vous laisser désarmer, vous Bavarois, vous qui avez, aussitôt l'invasion de l'ennemi, traversé avec courage ses colonnes pour rejoindre vos drapeaux.

Vous Souabes et Franconiens, qui au premier signal êtes venus trouver vos frères d'armes,

Vous ne souffrirez point que l'on vous déshonore ; vengez le prince que vous chérissez ; vengez les injures non provoquées que vous avez reçues ; venez dans les camps conquérir la paix à votre patrie.

Le Grand Empereur des Français se joint à nous avec toutes ses forces.

Pleins de confiance dans la Providence et dans la justice de votre cause, ne souffrez pas que votre patrie soit opprimée.

Soldats, du courage, de la confiance, et nous serons victorieux.

Proclamation de l'Empereur des Français à l'armée bavaroise.

» Soldats bavarois,

» Je me suis mis à la tête de mon armée pour délivrer » votre patrie des plus injustes agresseurs.

» La maison d'Autriche veut détruire votre indépen-
» dance et vous incorporer à ses vastes états. Vous se-
» rez fidèles à la mémoire de vos ancêtres qui, quelque-
» fois opprimés, ne furent jamais abattus, et conser-
» vèrent toujours cette indépendance, cette existence
» politique qui sont les premiers biens des nations,
» comme la fidélité à la maison palatine est le premier
» de vos devoirs.

» En bon allié de votre souverain, j'ai été touché des
» marques d'amour que vous lui avez données dans cette
» circonstance importante. Je connais votre bravoure;
» je me flatte qu'après la première bataille, je pourrai
» dire à votre prince et à mon peuple, que vous êtes
» dignes de combattre dans les rangs de la grande
» armée «.

IIe BULLETIN.

Du 16 vendémiaire an 14 (8 octobre 1805.)

Les évènements se pressent avec la plus grande rapidité. Le 14, la seconde division du corps d'armée du maréchal Soult, que commande le général Vandamme, a forcé de marche, ne s'est arrêtée à Nordlingen que deux heures, est arrivée à huit heures du soir à Donawerth, et s'est emparée du pont que défendait le régiment de Colloredo. Il y a eu quelques hommes tués et des prisonniers.

Le 15, à la pointe du jour, le prince Murat est arrivé avec ses dragons; le pont a été à l'heure même raccommodé, et le prince Murat, avec la division de dragons que commande le général Walter, s'est porté sur le Lech, a fait passer le colonel Watier à la tête de deux cents dragons du 4e régiment, qui, après une charge très-brillante, s'est emparé du pont du Lech, et a culbuté l'ennemi qui était du double de sa force. Le même jour, le prince Murat a couché à Rain.

Le 16, le maréchal Soult est parti avec les deux divisions Vandamme et Legrand, pour se porter sur Augsbourg, dans le même temps que le général Saint-Hilaire, avec sa division, s'y portait par la rive gauche.

Le 16, à la pointe du jour, le prince Murat, à la tête des divisions de dragons, des généraux Beaumont et Klein, et de la division de carabiniers et de cuirassiers, commandée par le général Nansouty, s'est mis en marche pour couper la route d'Ulm à Augsbourg. Arrivé à Wertingen, il apperçut une division considérable d'infanterie ennemie, appuyée par quatre escadrons de cuirassiers d'Albert. Il enveloppe aussitôt tout ce corps. Le maréchal Lannes, qui marchait derrière ces divisions de cavalerie, arrive avec la division Oudinot, et, après un engagement de deux heures, drapeaux, canons, bagages, officiers et soldats, toute la division ennemie est prise. Il y avait douze bataillons de grenadiers qui venaient en grande hâte du Tyrol au secours de l'armée de Bavière. Ce ne sera que dans la journée de demain qu'on connaîtra tous les détails de cette action vraiment brillante.

Le maréchal Soult, avec ses divisions, a manœuvré toute la journée du 15 et du 16 sur la rive gauche du Danube pour intercepter les débouchés d'Ulm, et observer le corps d'armée qui paraît encore réuni dans cette place.

Le corps du maréchal Davoust est arrivé seulement le 16 à Neubourg.

Le corps du général Marmont y est également arrivé.

Le corps du général Bernadotte et les Bavarois sont arrivés, le 10, à Aichstett.

Par les renseignements qui ont été pris, il paraît

que douze régiments autrichiens ont quitté l'Italie pour renforcer l'armée de Bavière.

La relation officielle de ces marches et de ces évènements intéressera le public, et fera le plus grand honneur à l'armée.

IIIe BULLETIN.

Zusmershausen, le 18 vendémiaire an 14 (10 octobre 1805).

Le maréchal Soult a poursuivi la division autrichienne qui s'était réfugiée à Aicha, l'a chassée, et est entré le 17 à midi à Augsbourg avec les divisions Vandamme, Saint-Hilaire et Legrand.

Le 17 au soir, le maréchal Davoust, qui a passé le Danube à Neubourg, est arrivé à Aicha avec ses trois divisions.

Le général Marmont, avec les divisions Boudet, Grouchy, et la division batave du général Dumonceau, a passé le Danube et pris position entre Aicha et Augsbourg.

Enfin, le corps d'armée du maréchal Bernadotte avec l'armée bavaroise, commandée par les généraux Deroi et Verden, a pris position à Ingolstadt; la Garde impériale, commandée par le maréchal Bessières, s'est rendue à Augsbourg, ainsi que la division de cuirassiers, aux ordres du général d'Hautpoult.

Le prince Murat, avec les divisions de dragons de Klein et de Beaumont, et la division de carabiniers et de cuirassiers du général Nansouty, s'est porté en toute diligence au village de Zusmershausen, pour intercepter la route d'Ulm à Augsbourg.

Le maréchal Lannes, avec la division de grenadiers d'Oudinot et avec la division Suchet, a pris poste le même jour au village de Zusmershausen.

L'Empereur a passé en revue les dragons au village de Zusmershausen ; il s'est fait présenter le nommé Marente, dragon du 4e régiment, un des plus braves soldats de l'armée, qui, au passage du Leck, avait sauvé son capitaine, qui, peu de jours auparavant, l'avait cassé de son grade de sous-officier. Sa Majesté lui a donné l'aigle de la Légion d'honneur. Ce brave soldat a répondu : » Je n'ai fait que mon devoir ; mon capitaine m'avait » cassé pour quelque faute de discipline, mais il sait » que j'ai toujours été un bon soldat. «

L'Empereur a ensuite témoigné aux dragons sa satisfaction de la conduite qu'ils ont tenue au combat de Wertingen. Il s'est fait présenter par régiment un dragon auquel il a également donné l'aigle de la Légion d'honneur.

S. M. a témoigné sa satisfaction aux grenadiers de la division Oudinot. Il est impossible de voir une troupe plus belle, plus animée du désir de se mesurer avec l'ennemi, plus remplie d'honneur et de cet enthousiasme militaire qui est le présage des plus grands succès.

Jusqu'à ce que l'on puisse donner une relation détaillée du combat de Wertingen, il est convenable d'en dire quelques mots dans ce bulletin.

Le colonel Arrighi a chargé, avec son régiment de dragons, le régiment de cuirassiers du duc Albert. La mêlée a été très-chaude. Le colonel Arrighi a eu son cheval tué sous lui : son régiment a redoublé d'audace pour le sauver. Le colonel Beaumont, du 10e de hussards, animé de cet esprit vraiment français, a saisi, au milieu des rangs ennemis, un capitaine de cuirassiers, qu'il a pris lui-même après avoir sabré un cavalier.

Le colonel Maupetit, à la tête du 9e de dragons, a chargé dans le village de Wertingen : blessé mortellement (1), son dernier mot a été : » que L'EMPEREUR soit » instruit que le 9e de dragons a été digne de sa ré- » putation, et qu'il a chargé et vaincu aux cris de » *vive* L'EMPEREUR ! «

Cette colonne de grenadiers, l'élite de l'armée ennemie, s'étant formée en quarré de quatre bataillons, a été enfoncée et sabrée. Le deuxième bataillon de dragons a chargé dans le bois.

La division Oudinot frémissait de l'éloignement qui l'empêchait encore de se mesurer avec l'ennemi ; mais à sa vue seule, les autrichiens accélérèrent leur retraite : une seule brigade a pu donner.

Tous les canons, tous les drapeaux, presque tous les officiers du corps ennemi, qui a combattu à Wertingen, ont été pris ; un grand nombre a été tué : deux lieutenants-colonels, six majors, soixante officiers, quatre mille soldats, sont restés en notre pouvoir ; le reste a été éparpillé, et ce qui a pu échapper a dû son salut à un marais qui a arrêté une colonne qui tournait l'ennemi.

Le chef d'escadron Excelmans, aide-de-camp de S. A. S. le prince Murat, a eu deux chevaux tués. C'est lui qui a apporté les drapeaux à l'EMPEREUR, qui lui a dit : Je sais qu'on ne peut être plus brave que vous ; je vous fais officier de la Légion d'honneur.

Le maréchal Ney, de son côté, avec la division Malher, Dupont et Loison, la division de dragons à

---

(1) Le colonel Maupetit a fait insérer dans le n° 55 du Moniteur une lettre, datée de Schroben-Hausen, le 10 brumaire, par laquelle il annonce que les blessures qu'il a reçues à l'affaire de Wertingen au milieu des bataillons quarrés autrichiens, après avoir chargé dans le village de ce nom, ne sont point mortelles, comme on l'avait d'abord cru, et qu'il espérait sous peu retourner à la tête de son régiment, jaloux de coopérer à terminer une campagne qui a commencé avec tant de succès.

pied du général Baraguey-d'Hilliers et la division Gazan, ont remonté le Danube et attaqué l'ennemi sur sa position de Grümberg. Il est cinq heures, le canon se fait entendre.

Il pleut beaucoup ; mais cela ne rallentit pas les marches forcées de la grande armée. L'EMPEREUR donne l'exemple : à cheval jour et nuit, il est toujours au milieu des troupes, et par-tout où sa présence est nécessaire. Il a fait hier quatorze lieues à cheval. Il a couché dans un petit village, sans domestiques et sans aucune espèce de bagage. Cependant l'évêque d'Augsbourg avait fait illuminer son palais, et attendu S. M. une partie de la nuit.

IVe BULLETIN.

Augsbourg, le 19 vendémiaire an 14 (11 octobre 1805.)

LE combat de Wertingen a été suivi, à vingt-quatre heures de distance, du combat de Günzbourg. Le maréchal Ney a fait marcher son corps d'armée ; la division Loison sur Langenau, et la division Malher sur Günzbourg. L'ennemi, qui a voulu s'opposer à cette marche, a été culbuté par-tout. C'est en vain que le prince Ferdinand est accouru en personne pour défendre Günzbourg. Le général Malher l'a fait attaquer par le 59e régiment ; le combat est devenu opiniâtre, corps à corps. Le colonel Lacuée a été tué à la tête de son régiment, qui, malgré la plus vigoureuse résistance, a emporté le pont de vive force ; les pièces de canon qui le défendaient, ont été enlevées, et la belle position de Günzbourg est restée en notre pouvoir. Les trois attaques de l'ennemi sont devenues inutiles : il s'est retiré avec précipitation ; la réserve du prince Murat arrivait à Burgau et coupait l'ennemi dans la nuit.

Les détails circonstanciés du combat, qui ne peuvent être donnés que sous quelques jours, feront connaître les officiers qui se sont distingués.

L'Empereur a passé toute la nuit du 17 au 18, et une partie de la journée du 18, entre les corps des maréchaux Ney et Lannes.

L'activité de l'armée française, l'étendue et la complication des combinaisons qui ont entièrement échappé à l'ennemi, le déconcertent au dernier point.

Les conscrits montrent autant de bravoure et de bonne volonté que les vieux soldats. Quand ils ont une fois été au feu, ils perdent le nom de conscrits ; aussi tous aspirent-ils à l'honneur du titre de soldats. Le temps continue à être très-mauvais depuis plusieurs jours. Il pleut encore beaucoup : l'armée cependant est pleine de santé.

L'ennemi a perdu plus de deux mille cinq cents hommes au combat de Günzbourg. Nous avons fait douze cents prisonniers et pris six pièces de canon. Nous avons eu quatre cents hommes tués ou blessés. Le général major d'Aspre est au nombre des prisonniers.

L'Empereur est arrivé à Augsbourg le 18, à neuf heures du soir. La ville est occupée depuis deux jours.

La communication de l'armée ennemie est coupée à Augsbourg et Landsperg, et va l'être à Fuessen. Le prince Murat, avec les corps des maréchaux Ney et Lannes, se met à sa poursuite. Dix régiments ont été retirés de l'armée autrichienne d'Italie et viennent en poste depuis le Tyrol. Plusieurs ont déjà été pris. Quelques corps russes, qui voyagent aussi en poste, s'avancent vers l'Inn ; mais les avantages de notre position sont tels que nous pouvons faire face à tout.

L'Empereur est logé à Augsbourg, chez l'ancien

Electeur de Trèves, qui a traité avec magnificence la suite de Sa Majesté, pendant le temps que ses équipages ont mis à arriver.

Ve BULLETIN.

Augsbourg, le 20 vendémiaire an 14 (12 octobre 1805.)

LE maréchal Soult s'est porté avec son corps d'armée à Landsberg, et par là a coupé une des grandes communications de l'ennemi; il y est arrivé le 19 à quatre heures après midi, et y a rencontré le régiment de cuirassiers du prince Ferdinand, qui, avec six pièces de canon, se rendait à marches forcées à Ulm. Le maréchal Soult l'a fait charger par le 26e régiment de chasseurs; il s'est trouvé déconcerté à un tel point, et le 26e de chasseurs était animé d'une telle ardeur, que les cuirassiers ont pris la fuite dans la charge, et ont laissé cent vingt soldats prisonniers, un lieutenant-colonel, deux capitaines et deux pièces de canon. Le maréchal Soult, qui avait pensé qu'ils continueraient leur route sur Memmingen, avait envoyé plusieurs régiments pour les couper; mais ils s'étaient retirés dans les bois, où ils se sont ralliés pour se réfugier dans le Tyrol.

Vingt pièces de canon et les équipages de pontons de l'ennemi étaient passés dans la journée du 18 par Landsberg. Le maréchal Soult a mis à leur poursuite le général Sébastiani avec une brigade de dragons. On espère qu'il sera parvenu à les atteindre.

Le 20, le maréchal Soult s'est dirigé sur Memmingen, où il arrivera le 21 à la pointe du jour.

Le maréchal Bernadotte a marché toute la journée du 19, et a porté son avant-garde jusqu'à deux lieues de Munich. Les bagages de plusieurs généraux autrichiens sont tombés au pouvoir de ses troupes legères. Il a fait une centaine de prisonniers de différents régiments.

Le maréchal Davoust s'est porté à Dachau. Son avant-garde est arrivée à Moisach. Les hussards de Blankenstein ont été mis en désordre par ses chasseurs, et, dans différents engagements, il a fait une soixantaine d'hommes à cheval prisonniers.

Le prince Murat, avec la réserve de cavalerie et les corps des maréchaux Ney et Lannes, s'est placé vis-à-vis de l'armée ennemie, dont la gauche occupe Ulm, et la droite Memmingen.

Le maréchal Ney est à cheval sur le Danube, vis-à-vis Ulm.

Le maréchal Lannes est à Weissenhorn.

Le général Marmont se met en marche forcée, pour prendre position sur la hauteur d'Illersheim; et le maréchal Soult déborde de Memmingen la droite de l'ennemi.

La garde impériale est partie d'Augsbourg, pour se rendre à Burgau, où l'Empereur sera probablement cette nuit.

Une affaire décisive va avoir lieu. L'armée autrichienne a presque toutes ses communications coupées. Elle se trouve à-peu-près dans la même position que l'armée de Mélas à Marengo.

L'Empereur était sur le pont du Lech, lorsque le corps d'armée du général Marmont a défilé. Il a fait former en cercle chaque régiment, leur a parlé de la situation de l'ennemi, de l'imminence d'une grande bataille, et de la confiance qu'il avait en eux. Cette harangue avait lieu pendant un temps affreux. Il tombait une neige abondante, et la troupe avait de la boue jusqu'aux genoux et éprouvait un froid assez vif; mais les paroles de l'Empereur étaient de flamme:

en l'écoutant, le soldat oubliait ses fatigues et ses privations, et était impatient de voir arriver l'heure du combat.

Le maréchal Bernadotte est arrivé à Munich le 22, à six heures du matin; il a fait huit cents prisonniers, et s'est mis à la poursuite de l'ennemi. Le prince Ferdinand se trouvait à Munich. Il paraît que ce prince avait abandonné son armée de l'Iller.

Jamais plus d'évènements ne se décideront en moins de temps. Avant quinze jours, les destins de la campagne et des armées autrichiennes et russes seront fixés.

Ve BULLETIN (*bis.*)

Elchingen, le 23 vendémiaire an 14 (15 octobre 1805.)

Aux combats de Wertingen et de Günzbourg ont succédé des faits d'une aussi haute importance, les combats d'Albeck, d'Elchingen, les prises d'Ulm et de Memmingen.

Le maréchal Soult arriva le 21 devant Memmingen, cerna sur-le-champ la place, et après différents pourparlers, le commandant capitula (1).

Neuf bataillons, dont deux de grenadiers, faits prisonniers, un général-major, trois colonels, plusieurs officiers supérieurs, dix pièces de canon, beaucoup de bagages et beaucoup de munitions de toute espèce ont été le résultat de cette affaire. Tous les prisonniers ont été au moment même dirigés sur le quartier-général.

(1) La Capitulation de Memmingen se trouve à la suite du XIIe Bulletin.

Au même instant, le maréchal Soult s'est mis en marche pour Ochsenhausen, pour arriver sur Biberach et être en mesure de couper la seule retraite qui restait à l'archiduc Ferdinand.

D'un autre côté, le 19, l'ennemi fit une sortie du côté d'Ulm, et attaqua la division Dupont, qui occupait la position d'Albeck. Le combat fut des plus opiniâtres. Cernés par vingt-cinq mille hommes, ces six mille braves firent face à tout, et firent mille cinq cents prisonniers. Ces corps ne devaient s'étonner de rien : c'étaient les 9e légère, 32e, 69e et 76e de ligne.

Le 21, l'EMPEREUR se porta de sa personne au camp devant Ulm, et ordonna l'investissement de l'armée ennemie. La première opération a été de s'emparer du pont et de la position d'Elchingen.

Le 22, à la pointe du jour, le maréchal Ney passa ce pont à la tête de la division Loison. L'ennemi lui disputait la possession d'Elchingen avec seize mille hommes; il fut culbuté par-tout, perdit trois mille hommes faits prisonniers, un général-major, et fut poursuivi jusques dans ses retranchements.

Le maréchal Lannes occupa les petites hauteurs qui dominent la plaine au-dessus du village de Pfoël. Les tirailleurs enlevèrent la tête de pont d'Ulm : le désordre fut extrême dans toute la place. Dans ce moment le prince Murat faisait manœuvrer les divisions Klein et Beaumont, qui par-tout mettaient en déroute la cavalerie ennemie.

Le 22, le général Marmont occupait les ponts de Unterkircher, d'Oberkirch, à l'embouchure de l'Iller, dans le Danube, et toutes les communications de l'ennemi sur l'Iller.

Le 23, à la pointe du jour, l'EMPEREUR se porta lui-même devant Ulm. Le corps du prince Murat, et ceux des maréchaux Lannes et Ney se placèrent en bataille pour donner l'assaut et forcer les retranchements de l'ennemi.

Le général Marmont, avec la division de dragons à pied du général Baraguey-d'Hilliers, bloquait la ville sur la rive droite du Danube.

La journée est affreuse : le soldat est dans la boue jusqu'aux genoux. Il y a huit jours que l'EMPEREUR ne s'est débotté.

Le prince Ferdinand avait filé la nuit sur Biberach, en laissant douze bataillons dans la ville et sur les hauteurs d'Ulm, lesquels ont été tous pris avec une assez grande quantité de canons.

Le maréchal Soult a occupé Biberach le 23 au matin.

Le prince Murat se met à la poursuite de l'armée ennemie, qui est dans un délabrement effroyable.

D'une armée de quatre-vingt mille hommes, il n'en reste que vingt-cinq mille, et on a lieu d'espérer que ces vingt-cinq mille ne nous échapperont pas.

Immédiatement après son entrée à Munich, le maréchal Bernadotte a poursuivi le corps du général Kienmayer, lui a pris des équipages et fait des prisonniers.

Le général Kienmayer a évacué le pays et repassé l'Inn. Ainsi la promesse de l'EMPEREUR se trouve réalisée, et l'ennemi est chassé de toute la Bavière.

Depuis le commencement de la campagne nous avons fait plus de vingt mille prisonniers, enlevé à l'ennemi trente pièces de canon et vingt drapeaux ; nous avons de notre côté éprouvé peu de pertes. Si l'on joint à cela les désertions et les morts, on peut calculer que l'armée autrichienne est déjà réduite de moitié.

Tant de dévouement de la part du soldat, tant de preuves touchantes d'amour qu'il donne à l'EMPEREUR, et tant de si hauts faits mériteront des détails plus circonstanciés. Ils seront donnés du moment que ces premières opérations de la campagne seront terminées, et que l'on saura définitivement comment les débris de l'armée autrichienne se tireront de Biberach et la position qu'ils prendront.

Au combat d'Elchingen, qui est un des plus beaux faits militaires qu'on puisse citer, se sont distingués le 18e régiment de dragons et son colonel Lefevre, le colonel du 10e de chasseurs Colbert, qui a eu un cheval tué sous lui, le colonel Lajonquières du 76e, et un grand nombre d'autres officiers.

L'EMPEREUR a aujourd'hui son quartier-général dans l'abbaye d'Elchingen.

VIe BULLETIN.

Elchingen, le 26 vendémiaire an 14 (18 octobre 1805).

LA journée d'Ulm a été une des plus belles journées de l'histoire de France. La capitulation de la place est ci-jointe, ainsi que l'état des régiments qui y sont enfermés. L'EMPEREUR eût pu l'enlever d'assaut; mais vingt mille hommes, défendus par des ouvrages et par des fossés pleins d'eau, eussent opposé de la résistance, et le vif désir de S. M. était d'épargner le sang. Le général Mack, général en chef de l'armée, était dans la ville : c'est la destinée des généraux opposés à l'EMPEREUR d'être pris dans des places. On se souvient qu'après les belles manœuvres de la Brenta, le vieux feld-maréchal Wurmser fut fait prisonnier dans Mantoue; Mélas le fut dans Alexandrie; Mack l'est dans Ulm.

L'armée autrichienne était une des plus belles qu'ait eue l'Autriche : elle se composait de quatorze régiments d'infanterie formant l'armée dite de Bavière, de treize régiments de l'armée du Tyrol, et de cinq régiments venus en poste d'Italie, faisant trente-deux régiments d'infanterie, et de quinze régiments de cavalerie.

L'Empereur avait placé l'armée du prince Ferdinand dans la même situation où il plaça celle de Mélas. Après avoir hésité long-temps, Mélas prit la noble résolution de passer sur le corps de l'armée française, ce qui donna lieu à la bataille de Marengo. Mack a pris un autre parti : Ulm est l'aboutissant d'un grand nombre de routes. Il a conçu le projet de faire échapper ses divisions par chacune de ces routes, et de les réunir en Tyrol et en Bohême. Les divisions Hohenzollern et Werneck ont débouché par Heydenheim. Une petite division a débouché par Memmingen. Mais l'Empereur, dès le 20, accourut d'Augsbourg devant Ulm, déconcerta sur-le-champ les projets de l'ennemi, et fit enlever le pont et la position d'Elckingen ; ce qui remédia à tout.

Le maréchal Soult, après avoir pris Memmingen, s'était mis à la poursuite des autres colonnes. Enfin, il ne restait plus au prince Ferdinand d'autre ressource que de se laisser enfermer dans Ulm, ou d'essayer, par des sentiers, de rejoindre la division de Hohenzollern ; ce prince a pris ce dernier parti, il s'est rendu à Aalen avec quatre escadrons de cavalerie.

Cependant le prince Murat était à la poursuite du prince Ferdinand. La division Werneck a voulu l'arrêter à Langenau : il lui a fait trois mille prisonniers, dont un officier-général, et lui a enlevé deux drapeaux. Tandis qu'il manœuvrait par sa droite à Heydenheim, le maréchal Lannes marchait par Aalen et Nordlingen. La marche de la division ennemie était embarrassée par 500 charriots, et affaiblie par le combat de Langenau. A ce combat le prince Murat a été très-satisfait du général Klein. Le 20e régiment de dragons, le 9e d'infanterie légère et les chasseurs de la garde impériale, se sont particulièrement distingués. L'aide-de-camp Brunet a montré beaucoup de bravoure.

Ce combat n'a point retardé la marche du prince Murat. Il s'est porté rapidement sur Neresheim, et le 25, à cinq heures du soir, il est arrivé devant cette position. La division de dragons du général Klein a chargé l'ennemi. Deux drapeaux, un officier-général et mille hommes ont été de nouveau pris au combat de Neresheim. Le prince Ferdinand et sept de ses généraux n'ont eu que le temps de monter à cheval. On a trouvé leur dîner servi. Depuis deux jours, ils n'ont aucun point pour se reposer. Il paraît que le prince Ferdinand ne pourra se soustraire à l'armée française qu'en se déguisant ou en s'enfuyant avec quelques escadrons par quelque route détournée d'Allemagne.

L'EMPEREUR traversant une foule de prisonniers ennemis, un colonel autrichien témoignait son étonnement de voir l'EMPEREUR DES FRANÇAIS trempé, couvert de boue, autant et plus fatigué que le dernier tambour de l'armée : un de ses aides-de-camp lui ayant expliqué ce que disait l'officier autrichien, l'*EMPEREUR* lui fit répondre : » Votre maître à voulu me faire ressouvenir que j'étais un soldat ; j'espère qu'il conviendra que le trône et la pourpre impériale ne m'ont pas fait oublier mon premier métier. «

Le spectacle que l'armée offrait dans la journée du 23 était vraiment intéressant. Depuis deux jours la pluie tombait à seaux. Tout le monde était trempé ; le soldat n'avait point eu de distributions ; il était dans la boue jusqu'aux genoux ; mais la vue de l'EMPEREUR lui rendait la gaieté, et du moment qu'il appercevait des colonnes entières, dans le même état, il faisait retentir le cri de *vive l'EMPEREUR !*

On rapporte aussi que l'EMPEREUR répondit aux officiers qui l'entouraient et qui admiraient comment, dans le moment le plus pénible, les soldats oublient toutes les privations, et ne se montrent sensibles qu'au plaisir de le voir : » Ils ont raison, car c'est pour » épargner leur sang que je leur fais essuyer de si » grandes fatigues. «

L'EMPEREUR, lorsque l'armée occupait les hauteurs qui dominent Ulm, fit appeler le prince de Lichtenstein, général-major, enfermé dans cette place, pour lui faire connaître qu'il désirait qu'elle capitulât, lui disant que, s'il la prenait d'assaut, il serait obligé de faire ce qu'il avait fait à Jaffa, où la garnison fut passée au fil de l'épée; que c'était le triste droit de la guerre; qu'il voulait qu'on lui épargnât et à la brave nation autrichienne la nécessité d'un acte aussi effrayant; que la place n'était pas tenable; qu'elle devait donc se rendre. Le prince insistait pour que les officiers et soldats eussent la faculté de retourner en Autriche. » Je l'accorde aux officiers et non aux soldats, » a répondu l'EMPEREUR; car qui me garantira qu'on » ne les fera point servir de nouveau? « Puis, après avoir hésité un moment, il ajouta : » Eh bien, je me » fie à la parole du prince Ferdinand. S'il est dans la » place, je veux lui donner une preuve de mon es- » time, et je lui accorde ce que vous me demandez, » espérant que la cour de Vienne ne dementira pas la » parole d'un de ses princes «. Sur ce que M. de Lichtenstein assura que le prince Ferdinand n'était point dans la place; » alors je ne vois pas, dit l'EMPEREUR, » qui peut me garantir que les soldats que je vous » renverrai ne serviront pas. «

Une brigade de quatre mille hommes occupe une porte de la ville d'Ulm.

Dans la nuit du 24 au 25, il y a eu un ouragan terrible : le Danube est tout-à-fait débordé, et a rompu la plus grande partie de ses ponts, ce qui nous gêne beaucoup pour nos subsistances.

Dans la journée du 25, le maréchal Bernadotte a

poussé ses avant-postes jusqu'à Wasserbourg et Haag, sur la chaussée de Braunau. Il a fait encore quatre à cinq cents prisonniers à l'ennemi, lui a enlevé un parc de dix-sept pièces d'artillerie de divers calibres; de sorte que, depuis son entrée à Munich, sans perdre un seul homme, le maréchal Bernadotte a pris mille cinq cents prisonniers, dix-neuf pièces de canon, deux cents chevaux et un grand nombre de bagages.

L'EMPEREUR a passé le Rhin le 9 vendémiaire, le Danube le 14 à cinq heures du matin, le Lech le même jour à trois heures après midi; ses troupes sont entrées à Munich le 20. Ses avants-postes sont arrivés sur l'Inn le 23. Le même jour il était maître de Memmingen, et le 25 d'Ulm.

Il avait pris a l'ennemi aux combats de Wertingen, de Güntzbourg, d'Elchingen, aux journées de Memmingen et d'Ulm, et aux combats d'Albreck, de Langenau et de Neresheim quarante mille hommes, tant infanterie que cavalerie, plus de quarante drapeaux, un très-grand nombre de pièces de canon, de bagages, de voitures, etc. Et pour arriver à ces grands résultats, il n'avait fallu que des marches et des manœuvres.

Dans ces combats partiels, les pertes de l'armée française ne se montent qu'à cinq cents morts et à mille blessés. Aussi le soldat dit-il souvent : L'EMPEREUR a trouvé une nouvelle méthode de faire la guerre, il ne se sert que de nos jambes et pas de nos bayonnettes. Les cinq sixièmes de l'armée n'ont pas tiré un coup de fusil, ce dont ils s'affligent. Mais tous ont beaucoup marché, et ils redoublent de célérité quand ils ont l'espoir d'atteindre l'ennemi.

On peut faire en deux mots l'éloge de l'armée : elle est digne de son chef.

On doit considérer l'armée autrichienne comme anéantie. Les Autrichiens et les Russes seront obligés de faire beaucoup d'appels de recrues, pour résister à l'armée française, qui est venue à bout d'une armée de cent mille hommes, sans éprouver, pour ainsi dire, aucune perte.

Capitulation de la ville d'Ulm, occupée par les troupes de S. M. l'empereur d'Autriche et roi de Hongrie, aux armes de S. M. L'EMPEREUR DES FRANÇAIS ET ROI D'ITALIE.

Entre nous Alexandre Berthier, maréchal d'Empire, commandant la première cohorte de la Légion d'honneur, grand-cordon, grand-veneur, grand-officier de l'aigle noir et de l'aigle rouge, major général de la grande armée, ministre de la guerre, chargé de stipuler pour S. M. L'EMPEREUR DES FRANÇAIS ET ROI D'ITALIE;

Et M. le feld-maréchal baron de Mack, quartier-maitre-général des armées de S. M. l'Empereur d'Autriche et roi de Hongrie;

Il a été convenu ce qui suit :

Art. Ier. La place d'Ulm sera remise à l'armée française, avec tous ses magasins et son artillerie.

Réponse. *La moitié de l'artillerie de campagne restera aux troupes autrichiennes.* Refusé.

II. La garnison sortira de la place avec tous les honneurs de la guerre, et après avoir défilé, elle remettra ses armes. Messieurs les officiers seront renvoyés sur parole en Autriche, et les soldats et sous-officiers seront conduits en France, où ils resteront jusqu'à parfait échange.

R. *Tout le monde sera renvoyé en Allemagne, sous condition de ne pas servir contre la France jusqu'à l'échange.* Refusé.

III. Tous les effets appartenants aux officiers et aux soldats leur seront laissés.

R. *Les caisses des régiments aussi.* Accordé.

IV. Les malades et les blessés autrichiens seront soignés comme les malades et les blessés français.

R. *Nous connaissons la loyauté et l'humanité françaises.*

V. Cependant, s'il se présentait, le 3 brumaire an 14 (25 octobre 1805) avant midi, un corps d'armée capable de débloquer la ville d'Ulm, alors la garnison de cette place serait dégagée de la présente capitulation, et serait libre de faire ce qu'elle voudrait.

R. *Si, jusqu'au 25 octobre, à minuit inclusivement, des troupes autrichiennes ou russes débloquaient la ville de quelque côté ou porte que ce soit, la garnison sortira librement avec ses armes, son artillerie et cavalerie, pour joindre les troupes qui l'ont débloquée.* Accordé.

VI. Une des portes de la ville d'Ulm (la porte de Stougard) sera remise à sept heures du matin à l'armée française, ainsi qu'un quartier suffisant pour pouvoir contenir une brigade.

R. *Oui.*

VII. L'armée française pourra faire usage du grand pont sur le Danube et communiquer librement d'une rive à l'autre.

R. *Le pont est brûlé : on fera l'impossible pour le refaire.*

VIII. Le service sera réglé de part et d'autre, de manière à ce qu'il ne se commette aucun désordre, et que tout soit dans la meilleure harmonie entre les deux armées.

R. *La discipline française et autrichienne nous en est le sûr garant.*

IX. Tous les chevaux de cavalerie, d'artillerie, de charrois, appartenant à sa majesté l'empereur d'Autriche et roi de Hongrie, seront remis à l'armée française.

X. Les articles I, II, III, IV et IX n'auront leur exécution que lorsque le voudra M. le général commandant les troupes autrichiennes, pourvu que cela ne puisse dépasser le 3 brumaire an 14 (25 octobre 1805).

avant midi. Et si, à cette époque, une armée assez en force se présentait pour faire lever le blocus, la garnison serait libre, conformément à l'article V, de faire ce qu'elle voudrait.

Fait double à Ulm, le 25 vendémiaire an 14 (17 octobre 1805).

Signé, le maréchal BERTHIER. *Signé*, MACK.

Etat des régiments enfermés dans la ville d'Ulm.

Une partie du régiment de cavalerie de Schwarzenberg, hulans;

Les régiments de Hohenlohe, dragons;
Mack, cuirassiers;
Archiduc François;

Un détachement des hussards de Blankenstein, et plusieurs ordonnances chez les généraux, des régiments de Latour, Rosenberg, Klénau et de l'Archiduc Albert.

Infanterie.

Chasseurs tyroliens;
Collowrath;
Manfredini;
Frolich;
Archiduc Charles;
Un détachement du régiment de l'empereur.

Grenadiers.

Hildbourghausen, ci-devant Bender, 1 bataillon.
Archiduc Charles.................. 1 *idem.*
Manfredini........................ 1 *idem.*
Colloredo......................... 1 *idem.*
Stuart............................ 1 *idem.*

VIIe BULLETIN.

Elchingen, le 27 vendémiaire an 14 (19 octobre 1805).

Le 26 vendémiaire, à cinq heures du matin, le prince Murat est arrivé à Norlingen, et avait réussi à cerner la division Werneck. Ce général avait demandé à capituler. La capitulation qui lui a été accordée n'arrivera que dans la journée de demain. Les lieutenants-généraux Werneck, Baillet, Hohenzollern, les généraux Vogel, Mackery, Hohenfeld, Weiber et Dienesberg, sont prisonniers sur parole, avec la réserve de se rendre chez eux. Les troupes sont prisonnières de guerre et se rendent en France. Plus de deux mille hommes de cavalerie ont mis pied à terre, et une brigade de dragons à pied a été montée avec leur chevaux. On assure que le parc de réserve de l'armée autrichienne, composé de cinq cents charriots, a été pris. On suppose que tout le reste de la colonne du prince Ferdinand doit, à l'heure qu'il est, être investi, le prince Murat ayant débordé sa droite par Aalen, et le maréchal Lannes, sa gauche, par Nordlingen. On attend le résultat de ces manœuvres ; il ne reste au prince Ferdinand que peu de monde.

Aujourd'hui, à deux heures après midi, l'Empereur a accordé une audience au général Mack ; à l'issue de cette audience, le maréchal Berthier a signé avec le général Mack une addition à la capitulation, qui porte que la garnison d'Ulm évacuera la place demain 28. Il y a dans Ulm vingt-sept mille hommes (1), trois mille chevaux, dix-huit généraux et soixante ou quatre-vingt pièces de canon atelées. La moitié de la garde de l'Em-

(1) *Voyez* le IXe Bulletin.

PEREUR était déjà partie pour Augsbourg, mais S. M. a consenti à rester la journée de demain pour voir défiler l'armée autrichienne. Tous les jours on est davantage dans la certitude que de cette armée de cent mille hommes, il n'en sera pas échappé vingt mille; et cet immense résultat est obtenu sans effusion de sang.

L'EMPEREUR n'est pas sorti aujourd'hui d'Elchingen. Les fatigues et la pluie continuelle que depuis huit jours il a essuyées, ont exigé un peu de repos. Mais le repos n'est pas compatible avec la direction de cette immense armée. A toute heure du jour et de la nuit, il arrive des officiers avec des rapports, et il faut que l'EMPEREUR donne des ordres. Il paraît fort satisfait de l'activité et du zèle du maréchal Berthier.

Demain 28, à trois heures après midi, vingt-sept mille soldats autrichiens, soixante pièces de canon, dix-huit généraux défileront devant l'EMPEREUR et mettront bas les armes. L'EMPEREUR a fait présent au sénat des drapeaux de la journée d'Ulm. Il y en aura le double de ce qu'il a annoncé, c'est-à-dire quatre-vingt.

Pendant ces cinq jours, le Danube a débordé avec une violence qui était sans exemple depuis cent ans. L'abbaye d'Elchingen, dans laquelle est établi le quartier-général de l'EMPEREUR, est située sur une hauteur d'où l'on découvre tout le pays.

On croit que demain au soir l'EMPEREUR partira pour Munich. L'armée russe vient d'arriver sur l'Inn.

Capitulation additionnelle sur la reddition d'Ulm.

Le maréchal Berthier, major-général de l'armée française, autorisé par ordre exprès de l'EMPEREUR DES FRANÇAIS, donne sa parole d'honneur,

1° Que l'armée autrichienne est aujourd'hui au-delà de l'Inn, et que le maréchal Bernadotte avec son armée, est en position entre Munich et l'Inn;

2° Que le maréchal Lannes, avec son corps d'armée, est à la poursuite du prince Ferdinand, et était hier à Aalen;

3° Que le prince Murat, avec son corps d'armée, était hier à Nordlingen; que les lieutenants-généraux Werneck, Baillet, Hohenzollern et sept autres généraux ont capitulé avec leur corps d'armée au village de Trotztelfingen;

4° Que le maréchal Soult est entre Ulm et Bregens, surveillant la route du Tyrol; qu'il n'y a donc aucune possibilité à ce qu'Ulm soit secouru.

M. le lieutenant-général, quartier-maître-général Mack, portant croyance aux déclarations ci-dessus, est prêt à évacuer, dans la journée de demain, la ville d'Ulm, y mettant pour conditions :

Que le corps entier de M. le maréchal Ney, composé de douze régiments d'infanterie et de quatre régiments de troupes à cheval, ne quittera pas Ulm et un rayon de dix lieues, jusqu'au 25 octobre à minuit, époque où expire la capitulation.

MM. le maréchal Berthier et le baron de Mack, lieutenant-général, quartier-maître-général, conviennent des articles ci-dessus.

En conséquence, demain à trois heures après midi, l'armée autrichienne défilera devant S. M. l'Empereur des Français, avec tous les honneurs de la guerre : elle posera les armes, et des ordres de route seront donnés à MM. les officiers, qui conserveront leurs armes, pour se rendre en Autriche par les deux routes de Kempten et de Bregenz pour le Tyrol.

Fait double à Elchingen, le 19 octobre 1805 (27 vendémiaire an 14).

Signé, le maréchal Berthier.

Le lieutenant-général Mack.

VIIIe BULLETIN.

Elchingen, le 28 vendémiaire an 14 (20 octobre 1805).

Voici les deux capitulations annoncées dans le Bulletin d'hier, conclues par ordre du prince Murat, l'une signée par le chef d'état-major du prince Murat, l'autre par le général Fauconnet.

L'Empereur a passé aujourd'hui 28, depuis deux heures après midi jusqu'à sept heures du soir, sur la hauteur d'Ulm où l'armée autrichienne a défilé devant lui. Trente mille hommes, dont deux mille de cavalerie, soixante pièces de canon et quarante drapeaux ont été remis aux vainqueurs. L'armée française occupait les hauteurs. L'Empereur, entouré de sa garde, a fait appeler les généraux autrichiens; il les a tenus auprès de lui jusqu'à ce que les troupes eussent défilé. Il les a traités avec les plus grands égards. Il y avait sept lieutenants-généraux, huit généraux et le général en chef Mack. On donnera dans le Bulletin suivant le nom des généraux et des régiments.

On peut donc évaluer le nombre des prisonniers faits depuis le commencement de la guerre à soixante mille, le nombre des drapeaux à quatre-vingt, indépendamment de l'artillerie, des bagages, etc. Jamais victoires ne furent plus complètes et ne coutèrent moins. On croit que l'Empereur partira dans la nuit pour Augsbourg et Munich, après avoir expédié ses courriers.

Capitulation du général Werneck.

Il a été convenu entre M. le général de division Belliard, chef de l'état-major-général de S. A. S. le prince Murat, maréchal d'Empire, lieutenant de S. M. l'Empereur des Français et Roi d'Italie,

Et M. le lieutenant-général Wernek, commandeur et chambellan de S. M. l'Empereur d'Allemagne, et commandant un corps d'armée;

1° Que le corps d'armée aux ordres de M. le lieutenant-général Wernek déposera les armes, sera prisonnier de guerre et envoyé en France.

2° Que MM. les officiers généraux et les officiers particuliers seront prisonniers de guerre sur parole et renvoyés en Autriche : ils ne pourront servir contre les armées françaises ou contre celles des alliés de S. M. l'Empereur et Roi Napoléon, qu'après avoir été échangés.

3° Que les chevaux de la cavalerie, les canons avec leurs atelages, ainsi que les caissons et munitions, seront remis à l'armée française.

4° Tous les régiments, bataillons, escadrons ou détachements qui se trouvent séparés du corps d'armée de M. le lieutenant-général Wernek, déposeront aussi les armes, seront prisonniers de guerre, et les articles 2, 3 et 5 leur seront applicables.

Observation du général Wernek. *J'entends ce qui fait partie de mon corps.*

5° Tous les chevaux et les équipages appartenants à MM. les officiers-généraux et officiers particuliers, leur seront laissés.

6° Tous les prisonniers de guerre français qui sont à Trotelfingen ou dans les autres endroits occupés par des troupes du corps d'armée de M. le lieutenant-général Wernek, seront rendus sur-le-champ.

Trotelfingen, le 27 vendémiaire an 14 (19 octobre 1805.)

Signé, le général de division, chef d'état-major-général, Belliard.

Signé Wernek, *lieutenant-général et commandant d'un corps d'armée.*

Capitulation du commandant de l'escorte des grands bagages de l'armée autrichienne.

Cejourd'hui 26 vendémiaire an 14, M. le général de brigade Fauconnet, l'un des commandants de la légion d'honneur, et commandant les chasseurs du 13e et du 14e régiment du 5e corps de la grande armée française; et M. Locatelli, major du régiment de Hohenlohe, dragons, ont conclu la capitulation ci-dessous, d'après la sommation faite par M. le général Fauconnet audit M. Locatelli, de mettre bas les armes, avec le corps de cavalerie qu'il commandait pour l'escorte des grands bagages de l'armée autrichienne.

Art. Ier. Tous les bagages, hussards et chevaux-légers qui composent le détachement chargé de l'escorte de l'artillerie et des bagages de l'armée autrichienne, sont prisonniers de guerre et conduits en France : ils mettront en conséquence bas les armes, et livreront leurs chevaux aux régiments sous les ordres de M. le général Fauconnet.

Accordé.

II. MM. Les officiers conserveront le cheval qu'ils montaient au moment où le corps a été pris; ils auront le droit de conserver un valet à leur service, et il ne sera pas touché à leur épuipage. Les soldats conserveront leurs effets.

Accordé un valet pour le major et MM. les capitaines, et un pour deux lieutenants ou sous-lieutenants.

III. Tous les petits corps d'infanterie et d'artillerie, également tournés par les troupes françaises et joints de plus près par la cavalerie de M. le général Fauconnet, sont prisonniers de guerre, livreront les canons, fourgons, caissons et armes, et MM. les officiers jouiront des mêmes avantages que ceux accordés aux officiers de cavalerie.

Accordé.

IV. MM. les officiers de cavalerie, artillerie et infanterie faits prisonniers et compris dans la présente capitulation, pourront se retirer dans leurs foyers, en donnant leur parole d'honneur, par écrit, de ne point servir contre l'armée de S. M. I. et R. et ses alliés, jusqu'à ce qu'ils soient échangés, ou jusqu'à la paix, si l'échange ne pouvait avoir lieu.

S. A. S. Mgr. le prince Murat est supplié d'accorder cette condition, qui est soumise à son approbation.

Fait au quartier-général à Bottfingen, le 18 octobre 1805 (25 vendémiaire an 14.)

Signé LOCATELLI, *major.*

Le général de brigade, Signé FAUCONNET.

Pour copie conforme,

Le général de division, chef de l'état-major de S. A. S. le prince Murat, signé BELLIARD.

IXe BULLETIN.

Elchingen, le 29 vendémiaire an 14 (21 octobre 1805.)

L'EMPEREUR vient de faire la proclamation, et de rendre les décrets ci-joints.

A midi, S. M. est partie pour Augsbourg.

On a enfin le compte exact de l'armée renfermée dans Ulm ; elle se monte à trente-trois mille hommes, ce qui avec trois mille blessés, porte la garnison prisonnière à trente-six mille hommes. Il y avait aussi dans la place soixante pièces de canon avec leur approvisionnement, et cinquante drapeaux.

Rien ne fait un contraste plus frappant que l'esprit

de l'armée française et celui de l'armée autrichienne. Dans l'armée française, l'héroïsme est porté au dernier point ; dans l'armée autrichienne, le découragement est à son comble. Le soldat est payé avec des cartes, il ne peut rien envoyer chez lui, et il est très-maltraité. Le français ne songe qu'à la gloire. On pourrait citer un millier de traits comme le suivant : Brard, soldat du 76e, allait avoir la cuisse amputée ; il avait la mort dans l'ame. Au moment où le chirurgien se préparait à faire l'opération, il l'arrête : » Je sais que » je n'y survivrai pas ; mais n'importe : un homme de » moins n'empêchera pas le 76e de marcher, la bayon» nette en avant et sur trois rangs, à l'ennemi. «

L'EMPEREUR n'a à se plaindre que de la trop grande impétuosité des soldats. Ainsi, le 17e d'infanterie légère arrivé devant Ulm, se précipita dans la place : ainsi pendant la capitulation, toute l'armée voulait monter à l'assaut, et l'EMPEREUR fut obligé de déclarer fermement qu'il ne voulait pas d'assaut.

La première colonne des prisonniers faits dans Ulm, part dans ce moment pour la France.

Voici le compte de nos prisonniers, du moins de ceux actuellement connus, et les lieux où ils se trouvent : dix mille dans Augsbourg ; trente-trois mille dans Ulm ; douze mille à Donawerth ; et douze mille qui sont déjà en marche pour la France. L'EMPEREUR dit, dans sa proclamation, que nous avons fait soixante mille prisonniers ; il est probable qu'il y en aura davantage. Il porte le nombre des drapeaux pris à quatre-vingtdix ; il est probable aussi que nous en aurons davantage.

L'EMPEREUR a dit aux généraux autrichiens qu'il avait appelés près de lui pendant que l'armée ennemie défilait : » Messieurs, votre maître me fait une guerre in» juste : je vous le dis franchement, je ne sais point » pourquoi je me bats ; je ne sais ce qu'on veut de moi.

» Ce

» Ce n'est pas dans cette seule armée que consistent » mes ressources. Cela serait-il vrai, mon armée et moi » ferions bien du chemin. Mais j'en appelle au rapport » de vos propres prisonniers, qui vont bientôt traver- » ser la France : ils verront quel esprit anime mon peu- » ple, et avec quel empressement il viendra se ranger » sous mes drapeaux. Voilà l'avantage de ma nation » et de ma position. Avec un mot deux cents mille » hommes de bonne volonté accourront près de moi, » et en six semaines seront de bons soldats ; au lieu » que vos recrues ne marcheront que par force, et ne » pourront qu'après plusieurs années, faire des soldats.

» Je donne encore un conseil à mon frère l'empereur » d'Allemagne : qu'il se hâte de faire la paix. C'est le » moment de se rappeler que tous les Empires ont un » terme ; l'idée que la fin de la dynastie de la maison » de Lorraine serait arrivée doit l'effrayer. Je ne veux » rien sur le Continent. Ce sont des vaisseaux, des colo- » nies, du commerce que je veux, et cela vous est avan- » tageux comme à nous. « M. Mack a répondu que l'Empereur d'Allemagne n'aurait pas voulu la guerre ; mais qu'il y a été forcé par la Russie. » En ce cas, a répondu » l'EMPEREUR, vous n'êtes donc plus une puissance. »

Du reste, la plupart des officiers-généraux ont témoigné combien cette guerre leur était désagréable, et avec quelle peine ils voyaient une armée russe au milieu d'eux.

Ils blâmaient cette politique assez aveugle pour attirer au cœur de l'Europe un peuple accoutumé à vivre dans un pays inculte et agreste, et qui, comme ses ancêtres, pourrait bien avoir la fantaisie de s'établir dans de plus beaux climats.

L'EMPEREUR a accueilli avec beauconp de grace le lieutenant-général Klenau, qu'il avait connu commandant le régiment de Wurmser ; les lieutenants-généraux Giulay, Gottesheim, Ries, les princes de Lichtenstein, etc.

Il les a consolés de leur malheur, leur a dit que la guerre a ses chances, et qu'ayant été souvent vainqueurs, ils pouvaient être quelquefois vaincus.

Du quartier-général impérial d'Elchingen, le 29 vendémiaire an 14
(21 octobre 1805.)

» Soldats de la grande armée,

» En quinze jours nous avons fait une campagne. Ce » que nous nous proposions est rempli. Nous avons » chassé les troupes de la maison d'Autriche de la Ba» vière, et rétabli notre allié dans la souveraineté de » ses Etats. Cette armée qui, avec autant d'ostentation » que d'imprudence, était venue se placer sur nos fron» tières, est anéantie. Mais qu'importe à l'Angleterre? » son but est rempli. Nous ne sommes plus à Boulogne, » et son subside ne sera ni plus ni moins grand.

» De cent mille hommes qui composaient cette ar» mée, soixante mille sont prisonniers : ils iront rem» placer nos conscrits dans les travaux de nos campa» gnes : deux cents pièces de canon, tout le parc, » quatre-vingt dix drapeaux, tous les généraux sont » en notre pouvoir; il ne s'est pas échappé de cette » armée quinze mille hommes. Soldats, je vous avais » annoncé une grande bataille; mais, grace aux mau» vaises combinaisons de l'ennemi, j'ai pu obtenir les » mêmes succès sans courir aucune chance; et, ce qui » est sans exemple dans l'histoire des nations, un aussi » grand résultat ne nous affaiblit pas de plus de quinze » cents hommes hors de combat.

» Soldats, ce succès est dû à votre confiance sans » bornes dans votre Empereur; à votre patience à » supporter les fatigues et les privations de toute espèce, » à votre rare intrépidité.

» Mais nous ne nous arrêterons pas là : vous êtes impatients de commencer une seconde campagne. Cette » armée russe que l'or de l'Angleterre a transportée » des extrémités de l'Univers, nous allons lui faire » éprouver le même sort.

» A ce combat est attaché plus spécialement l'honneur de l'infanterie ; c'est là que va se décider, pour » la seconde fois, cette question qui l'a déjà été en » Suisse et en Hollande : si l'infanterie française est » la seconde ou la première de l'Europe ? Il n'y a » point là de généraux contre lesquels je puisse avoir » de la gloire à acquérir : tout mon soin sera d'obtenir la victoire avec le moins possible d'effusion de » sang : mes soldats sont mes enfants. «

De mon camp impérial d'Elchingen, le 29 vendémiaire an 14
(21 octobre 1805.)

NAPOLÉON, EMPEREUR DES FRANÇAIS et ROI D'ITALIE,

Considérant que la grande armée a obtenu par son courage et son dévouement, des résultats qui ne devaient être espérés qu'après une campagne ;

Et voulant lui donner une preuve de notre satisfaction impériale, nous avons décrété et décrétons ce qui suit :

Art. Ier. Le mois de vendémiaire de l'an 14 sera compté comme une campagne à tous les individus composant la grande armée.

Ce mois sera porté comme tel sur les états pour l'évaluation des pensions et pour les services militaires.

II. Nos ministres de la guerre et du trésor public sont chargés de l'exécution du présent décret.

Signé NAPOLÉON.

Par l'Empereur,

Le ministre secrétaire-d'état, H. B. MARET.

De mon camp impérial d'Elchingen, le 29 vendémiaire an 14
(21 octobre 1805.)

NAPOLÉON, EMPEREUR DES FRANÇAIS et ROI D'ITALIE,

Nous avons décrété et décrétons ce qui suit :

Art. Ier. Il sera pris possession de tous les états en Souabe de la maison d'Autriche.

II. Les contributions de guerre qui y seront levées, ainsi que les contributions ordinaires, seront toutes au profit de l'armée. Tous les magasins qui seraient pris à l'ennemi, autres que les magasins d'artillerie et de subsistances, seront également à son profit. Chacun aura une part dans ces contributions, proportionnée à ses appointements.

III. Les contributions particulières qui auraient été levées, ou les objets qui auraient été tirés des magasins de l'ennemi, seront restitués à la masse générale; personne ne devant profiter du droit de la guerre, pour faire tort à la masse générale de l'armée.

IV. Il sera incessamment nommé un trésorier et un directeur-général, qui rendront compte chaque mois à un conseil d'administration de l'armée, des contributions qui auront été levées. L'état en sera imprimé avec la répartition.

V. La solde sera exactement payée sur les fonds de notre trésor impérial.

VI. Notre ministre de la guerre est chargé de l'exécution du présent décret.

Signé NAPOLÉON.

Par l'Empereur,

Le ministre secrétaire-d'état, H. B. MARET.

Xe BULLETIN.

Augsbourg, le 30 vendémiaire an 14 (22 octobre 1805.)

Lors de la capitulation du général Wernek près Nordlingen, le prince Ferdinand, avec un corps de mille chevaux et une portion du parc, avait pris les devants : il s'était jetté dans le pays prussien et s'était dirigé par Gunzenhausen sur Nuremberg. Le prince Murat le suivit à la piste, et parvint à le déborder : ce qui donna lieu à un combat sur la route de Furth à Nuremberg, le 29 au soir. Tout le reste du parc d'artillerie, tous les bagages sans exception ont été pris. Les chasseurs à cheval de la garde impériale se sont couverts de gloire ; ils ont culbuté tout ce qui s'est présenté devant eux : ils ont chargé le régiment de cuirassiers de Mack. Les deux régiments de carabiniers ont soutenu leur réputation.

On est rempli d'étonnement lorsqu'on considère la marche du prince Murat, depuis Albeck jusqu'à Nuremberg. Quoique se battant toujours, il est parvenu à gagner de vîtesse l'ennemi qui avait deux marches sur lui. Le résultat de cette prodigieuse activité a été la prise de quinze cents charriots, de cinquante pièces de canon, de seize mille hommes, y compris la capitulation du général Wernek, et d'un grand nombre de drapeaux. Dix-huit généraux ont posé les armes ; trois ont été tués.

Les colonels Morland des chasseurs à cheval de la garde impériale, Cauchois du 1er régiment de carabiniers, Rouvillois du 1er régiment d'hussards, et les aides-de-camp Flahaut et Lagrange se sont particulièrement distingués. Le colonel Cauchois a été blessé.

Le 29 au soir, le prince Murat a couché à Nuremberg, où il a passé la journée du 30 à se reposer.

Au combat d'Elchingen, le 23 vendémiaire, le 69e régiment de ligne s'est distingué. Après avoir forcé le pont en colonne serrée, il s'est déployé à portée du feu des autrichiens avec un ordre et un sang-froid qui ont rempli l'ennemi de stupeur et d'admiration.

Un bataillon de la garde impériale est entré aujourd'hui à Augsbourg. Quatre-vingts grenadiers portaient chacun un drapeau. Ce spectacle a produit sur les habitants d'Augsbourg un étonnement que partagent les paysans de toutes ces contrées.

La division de troupes de Wurtemberg vient d'arriver à Geisslingen.

Les bataillons de chasseurs qui avaient suivi l'armée depuis son passage à Stougard, sont partis pour conduire en France une nouvelle colonne de dix mille prisonniers. Les troupes de Bade, fortes de trois à quatre mille hommes, sont en marche pour se rendre à Augsbourg.

L'Empereur vient de faire présent aux bavarois de vingt mille fusils autrichiens pour l'armée et les gardes nationales.

Il vient aussi de faire présent à l'électeur de Wurtemberg de six pièces de canon autrichiennes.

Pendant qu'a duré la manœuvre d'Ulm, l'électeur de Wurtemberg a craint un moment pour l'électrice et sa famille, qui se sont rendues alors à Heidelberg; il a disposé ses troupes pour défendre le cœur de ses Etats.

Les autrichiens sont détestés de toute l'Allemagne, bien convaincue que, sans la France, l'Autriche la traiterait comme ses pays héréditaires.

On ne se fait pas une idée de la misère de l'armée autrichienne; elle est payée en billets qui perdent quarante pour cent : aussi nos soldats appellent-ils plaisamment les autrichiens des soldats de papier. Ils sont sans aucun crédit : la maison d'Autriche ne trouverait nulle part à emprunter dix mille francs. Les généraux eux-mêmes n'ont pas vu une pièce d'or depuis plusieurs années. Les anglais, du moment qu'ils ont su l'invasion de la Bavière, ont fait à l'empereur d'Autriche un petit présent qui ne l'a pas rendu plus riche ; ils se sont engagés à lui faire remise des quarante-huit millions qu'ils lui avaient prêtés pendant la dernière guerre. Si c'est un avantage pour la maison d'Autriche, elle l'a déjà payé bien cher.

XIe BULLETIN.

Munich, le 4 brumaire an 14 (26 octobre 1805.)

L'Empereur est arrivé à Munich le 2 brumaire à neuf heures du soir. La ville était illuminée avec beaucoup de goût. Un grand nombre de personnes avaient décoré le devant de leurs maisons d'emblêmes qui étaient les expressions de leurs sentiments.

Le 3 au matin, les grands-officiers de l'électeur, les chambellans et gentilshommes de la cour, les ministres, les généraux, les conseillers intimes, le corps diplomatique accrédité près son altesse électorale, les députés des Etats de Bavière, les magistrats de la ville de Munich, ont été présentés à S. M., qui les a entretenus fort long-temps des affaires économiques de leur pays.

Le prince Murat est arrivé à Munich. Il a montré dans son expédition une prodigieuse activité. Il ne cesse de se louer de la belle charge des chasseurs de la garde impériale et des carabiniers.

Un trésor de deux cents mille florins est tombé en leur

pouvoir, ils ont passé outre sans en rien toucher, et ont continué à poursuivre l'ennemi.

Le prince Ferdinand s'est trouvé au dernier combat, et s'est sauvé sur le cheval d'un lieutenant de cavalerie.

Toute la ville de Nuremberg a été témoin de la bravoure des français. Un grand nombre de déserteurs et de fuyards des débris de l'armée autrichienne remplissent la province de Franconie où ils commettent beaucoup de désordres. Tous les bagages de l'ennemi ont été pris.

Le soir, l'EMPEREUR s'est rendu au théâtre où il a été accueilli par les démonstrations les plus sincères de joie et de gratitude.

Aujourd'hui l'EMPEREUR, après avoir vu défiler les troupes du corps d'armée du maréchal Soult, est allé à la chasse à Numphembourg, maison de plaisance de l'électeur.

Tout est en mouvement ; nos armées ont passé l'Iser, et se dirigent sur l'Inn, où le maréchal Bernadotte d'un côté, le général Marmont d'un autre, et le maréchal Davoust seront ce soir.

XIIe BULLETIN.

Munich, le 5 brumaire an 14 (27 octobre 1805.)

Au cinquième Bulletin de l'armée, il faut joindre la capitulation de Memmingen, qui a été oubliée.

On travaille dans ce moment avec la plus grande activité aux fortifications d'Ingolstat et d'Augsbourg.

Des têtes de pont sont construites à tous les ponts du Leck, et des magasins sont établis sur les derrières.

Sa Majesté a été extrêmement satisfaite du zèle et de l'activité du général de brigade Bertrand, son aide-de-camp, qu'elle a fréquemment employé à des reconnaissances.

Elle a ordonné la démolition des fortifications des villes d'Ulm et de Memmingen.

L'électeur de Bavière est attendu à tout instant. L'EMPEREUR a envoyé son aide-de-camp, colonel Lebrun, pour le recevoir et lui offrir sur sa route des escortes d'honneur.

Un *Te Deum* a été chanté à Augsbourg et à Munich. La proclamation ci-jointe a été affichée dans toutes les villes de Bavière. Le peuple bavarois est plein de bons sentiments; il court aux armes, et forme des gardes volontaires pour défendre le pays contre les incursions des Cosaques.

Les généraux Deroi et Wreden montrent la plus grande activité : ce dernier a fait beaucoup de prisonniers autrichiens. Il a servi pendant la guerre passée dans l'armée autrichienne, et il s'y est distingué.

Le général Mack ayant traversé en poste la Bavière pour retourner à Vienne, rencontra le général Wreden, aux avant-postes, près l'Inn. Ils eurent une longue conversation sur la manière dont les français traitaient l'armée bavaroise.

» Nous sommes mieux qu'avec vous, lui dit le général Wreden, nous n'avons ni morgue ni mauvais traitements à essuyer; et loin d'être exposés les premiers aux coups, nous sommes obligés de demander les postes périlleux, parce que les français se les réservent de préférence. Chez vous, au contraire, nous étions envoyés par-tout où il y avait de mauvaises affaires à essuyer. «

Un officier d'état-major vient d'arriver de l'armée d'Italie. La campagne a commencé le 26 vendémiaire. Cette armée formera bientôt la droite de la grande armée.

L'EMPEREUR a donné hier un concert à toutes les dames de la cour. Il a fait un accueil très-distingué à madame de Mongelas, femme du premier ministre de l'électeur, et distinguée d'ailleurs par son mérite personnel.

Il a témoigné son contentement à M. de Winter, maître de musique de l'électeur, sur la bonne composition de ses morceaux, tous pleins de verve et de talent.

Aujourd'hui dimanche, 5 brumaire, l'EMPEREUR a entendu la messe dans la chapelle du palais.

Voici les noms des généraux autrichiens qui ont été faits prisonniers. Le nombre des officiers est de quinze cents à deux mille. Chaque officier a signé sa parole d'honneur de ne pas servir : on espère qu'ils la tiendront exactement ; s'il en était autrement, les lois de la guerre seraient suivies dans toute leur rigueur.

Etat des officiers généraux autrichiens faits prisonniers aux affaires de Elchingen, Wertingen, Memmingen, Ulm, etc.

MM. le baron Mack, feld-maréchal-lieutenant, quartier-maître-général ;
Le prince de Hesse-Hombourg, feld-maréchal-lieutenant ;
Le baron de Hipschis, *idem* ;
Le comte de Giulay, *idem*, quartier-maître-général de l'armée du prince Ferdinand ;
Le baron de Laudon, *idem* ;
Le comte de Klenau, *idem* ;
Le comte de Gottescheim, *idem* ;
Le comte de Riese, *idem* ;
Le comte Baillet, *idem* ;
Le comte de Werneck, *idem* ;
Le prince de Hohenzollern, *idem* ;
Le prince de Lichtenstein, général-major ;
Le baron d'Abel, *idem* ;
Le baron d'Ulm, *idem* ;

Le baron de Weidenfeld, *idem* ;
Le comte d'Awersberg, *idem* ;
Le comte de Genneddy, *idem* ;
Le comte de Fremel, *idem* ;
Le comte de Stiecker, *idem* ;
Le comte de Hermann, *idem*, pris à Elchingen ;
Le comte de Hermann, *idem*, pris à Ulm ;
Le comte de Reichter, *idem* ;
Le comte de Dieuersberg, *idem* ;
Le comte de Mitkiery, général-major ;
Le comte de Wogel, *idem* ;
Le comte de Weiber, *idem* ;
Le comte de Hohenfeld, *idem* ;
Le baron d'Aspre, *idem* ;
Le comte de Spangen, *idem*.

Capitulation de la garnison de Memmingen.

M. le général de division Saligny, chef de l'état-major du 4e corps de la grande armée, au nom de S. M. l'EMPEREUR DES FRANÇAIS, et d'après les ordres de S. Exc. le maréchal Soult, et M. le comte de Spangen, général-major, commandant dans Memmingen, sont convenus de la capitulation suivante :

Art. Ier. La garnison autrichienne de Memmingen se rend prisonnière de guerre au 4e corps de la grande armée, commandé par S. Exc. le maréchal Soult.

II. La garnison sortira avec les honneurs de la guerre.

III. MM. les officiers seront libres de se rendre dans leurs foyers, en donnant leur parole d'honneur de ne servir qu'après échange, grade par grade, ou de suivre le sort de leur troupe.

IV. Les officiers conserveront leurs armes, leurs chevaux et leurs équipages ; les sous-officiers et soldats tous leurs effets d'habillement.

V. Les non-combattants, tels que les chirurgiens, médecins, aumôniers, fourriers et musiciens, seront rendus.

VI. Tous les papiers qui regardent la place ou l'armée autrichienne, seront remis à M. le chef de l'état-major de l'armée française.

VII. Toute l'artillerie, tous les approvisionnements de guerre et de bouche, tous les chevaux de troupe et de transport, seront remis à l'armée française, d'après l'état de situation de la place.

VIII. S. Exc. M. le maréchal promet avec plaisir de faire donner à tous les malades les mêmes soins qu'aux malades de l'armée française.

IX. Il sera donné des charriots pour le transport des effets de MM. les officiers.

Fait en présence du général Sébastiani, du colonel Fitteau, et des officiers supérieurs de la place.

Memmingen, le 22 vendémiaire (14 octobre.)

Signés, *le général de division* SALIGNY ; *le général* HORACE SÉBASTIANI ; M. FITTEAU, *colonel au* 3e *régiment de dragons* ; *le comte de* SPANGEN, *général-major* ; WOUWERMANS, *colonel* ; *le baron de* LAUER, *major et ingénieur*, *etc.*

Traduction d'une proclamation de l'électeur de Bavière aux Bavarois.

Bavarois,

Dans un moment où j'étais uniquement occupé de votre prospérité, où je ne prévoyais aucun danger, j'ai été forcément séparé de vous !

L'Autriche, pour la conservation de laquelle le généreux sang des Bavarois a coulé si souvent, avait conçu des plans perfides contre vous et contre moi. On demandait, avec menace, vos fils, mes braves soldats, pour être disséminés dans l'armée autrichienne, et pour combattre une puissance qui, de tout temps, a protégé l'indépendance de la Bavière.

Ainsi les Bavarois ne devaient plus combattre pour leur patrie, mais pour des intérêts étrangers : ainsi, jusqu'au nom de l'armée bavaroise devait être détruit.

Mes devoirs, comme prince et comme père d'un peuple fidèle et indépendant, ont dû me porter à repousser des propositions aussi déshonorantes pour la nation, et à maintenir, avec fermeté, la neutralité de mes Etats.

Je me flattais encore de voir l'espoir de s'accomplir le plus ardent de mes vœux, le repos de la patrie. Les négociations, à ce sujet, n'étaient pas encore rompues, lorsque l'Autriche, fidèle au système d'anéantir l'indépendance de la Bavière, viola les traités les plus sacrés, fit passer l'Inn à son armée, et vous traita comme les habitants d'un pays conquis. Les réquisitions les plus onéreuses furent faites : on vous priva des instruments les plus nécessaires à votre industrie, même de ceux de votre agriculture ; vos champs furent dévastés, vos bestiaux enlevés de force : on vous inonda d'un papier-monnaie déprécié; même un grand nombre de vos fils furent contraints de servir sous les drapeaux de l'Autriche.

Après une invasion aussi perfide, après des outrages aussi inouis, il était de ma dignité, comme prince et comme protecteur de la nation, de prendre les armes, et de délivrer la patrie de ses oppresseurs.

L'Empereur des Français, l'allié naturel de la Bavière, vole à notre secours, avec ses intrépides guerriers, il vient pour nous venger ; déjà vos frères et vos fils combattent dans les rangs de ces braves, habitués à la victoire, et déjà nous voyons l'aurore de notre salut.

Bavarois, qui portez patiemment les maux dont vous

accablent les ennemis de la patrie, souvenez-vous de votre prince, qui connaît vos souffrances, qui les partage, et qui ne peut supporter l'idée d'être séparé de vous que dans la persuasion qu'en conservant sa liberté individuelle, il s'est assuré les moyens d'agir avec une indépendance absolue, pour ses chers et fidèles sujets.

Notre bonne cause est sous la protection d'un Dieu juste, et d'une armée courageuse commandée par un héros invincible.

Que le mot de ralliement de chaque Bavarois, soit pour son prince et pour la patrie.

Wurzbourg, le 10 octobre 1805.

Signé MAX. JOSEPH, *électeur.*

XIIIe BULLETIN.

Haag, le 6 brumaire an 14 (28 octobre 1805.)

Le corps d'armée du maréchal Bernadotte est parti de Munich le 4 brumaire. Il est arrivé le 5 à Wasserburg, sur l'Inn, et est allé coucher à Altenmarkt : six arches du pont étaient brûlées. Le comte Manucci, colonel de l'armée bavaroise, s'était porté de Roth à Rosenheim. Il avait trouvé également le pont brûlé et l'ennemi de l'autre côté. Après une vive canonnade, l'ennemi céda la rive droite. Plusieurs bataillons français et bavarois passèrent l'Inn, et le 6 à midi l'un et l'autre ponts étaient entièrement rétablis; les colonels du génie Morio et Somis ont mis la plus grande activité à la réparation desdits ponts; l'ennemi a été vivement poursuivi dès qu'on a pu passer; on a fait à son arrière-garde cinquante prisonniers.

Le maréchal Davoust, avec son corps d'armée, est parti de Freysing le 4, et s'est trouvé le 5 à Muhldorf;

l'ennemi a défendu la rive droite où il avait établi des batteries très-avantageusement situées. Le pont était tellement détruit qu'on a eu de la peine à le rétablir. Le 6 à midi, une grande partie du corps du maréchal Davoust était passée.

Le prince Murat a fait passer une brigade de cavalerie sur le pont de Muhldorf, a fait rétablir les ponts d'Œting et de Marekhl, et les a passés avec une partie de sa réserve. L'EMPEREUR s'est porté de sa personne à Haag.

Le corps d'armée du maréchal Soult est bivouaqué en avant de Haag; le corps du maréchal Marmont couche ce soir à Wihsbiburg; celui du maréchal Ney à Landsberg; celui du maréchal Lannes sur la route de Landshut à Braunau; tous les renseignements qu'on a sur l'ennemi portent que l'armée russe marche en retraite.

Il a beaucoup plu toute la journée. Tout le pays situé entre l'Iser et l'Inn n'offre qu'une forêt continue de sapins, pays fort ingrat. L'armée a eu beaucoup à se louer du zèle et de l'empressement des habitants de Munich à lui fournir les subsistances qui lui étaient nécessaires.

XIVe BULLETIN.

Braunau, le 8 brumaire an 14 (30 octobre 1805.)

LE maréchal Bernadotte est arrivé le 8, à dix heures du matin, à Salzbourg. L'électeur en était parti depuis plusieurs jours; un corps de six mille hommes, qui y était, s'était retiré précipitamment la veille.

Le quartier-général impérial était le 6 à Haag, le 7 à Muhldorf, et le 8 à Braunau.

Le maréchal Davoust a employé la journée du 7 à faire réparer entièrement le pont de Muhldorf.

Le 1er régiment de chasseurs a exécuté une belle charge sur l'ennemi, lui a tué une vingtaine d'hommes et lui a fait plusieurs prisonniers, parmi lesquels s'est trouvé un capitaine de hussards.

Dans la journée du 7, le maréchal Lannes est arrivé avec la cavalerie légère au pont de Braunau. Il était parti de Landshut. Le pont était coupé. Il a sur-le-champ fait embarquer sur deux bateaux une soixantaine d'hommes. L'ennemi, qui d'ailleurs était poursuivi par la réserve du prince Murat, a abandonné la ville. L'audace des chasseurs du 13e a contribué à précipiter sa retraite.

La mésintelligence entre les russes et les autrichiens commence à s'appercevoir. Les russes pillent tout. Les officiers les plus instruits d'entr'eux comprennent bien que la guerre qu'ils font est impolitique, puisqu'ils n'ont rien à gagner contre les français que la nature n'a pas placés pour être leurs ennemis.

Braunau, comme il se trouve, peut être considéré comme une des plus belles et des plus utiles acquisitions de l'armée. Cette place est entourée d'une enceinte bastionnée avec pont-levis, demi-lune et fossés pleins d'eau. Il y a de nombreux magasins d'artillerie et tous en bon état; mais ce qui paraîtra difficile à croire, c'est qu'elle est parfaitement approvisionnée. On y a trouvé quarante mille rations de pain prêtes à être distribuées, plus de mille sacs de farine; l'artillerie de la place consiste en quarante-cinq pièces de canon avec double affût de rechange, en mortiers approvisionnés de plus de quarante mille boulets et obusiers. Les russes y ont laissé une centaine de milliers de poudre, une grande quantité de cartouches, de plomb, un millier de fusils, et tout l'approvisionnement nécessaire pour soutenir un grand siége.

L'EMPEREUR a nommé le général Lauriston, qui arrive

rive de Cadix, gouverneur de cette place, où il a établi le dépôt du quartier-général de l'armée.

XVe BULLETIN.

Braunau, le 9 brumaire an 14 (31 octobre 1805).

PLUSIEURS déserteurs russes sont déjà arrivés, entr'autres un sergent-major, natif de Moscou, homme de quelqu'intelligence. On s'imagine bien que tout le monde l'a questionné. Il a dit que l'armée russe était dans des dispositions bien différentes pour les français que dans la dernière guerre; que les prisonniers qui étaient revenus de France s'en étaient beaucoup loués; qu'il y en avait six dans sa compagnie qui, au moment du départ de Pologne, avaient été envoyés plus loin; que si on avait laissé dans les régiments tous les hommes revenus de France, il n'y avait pas de doute qu'ils n'eussent tous déserté; que les russes étaient fâchés de se battre pour les allemands qu'ils n'aiment pas, et qu'ils avaient une haute idée de la valeur française. On lui a demandé s'ils aimaient l'Empereur Alexandre. Il a répondu qu'ils étaient trop misérables pour lui porter de l'attachement; que les soldats aimaient mieux l'Empereur Paul, mais que la noblesse préférait l'Empereur Alexandre; que les russes, en général, étaient contents d'être sortis de chez eux, parce qu'ils vivaient mieux et étaient mieux payés; qu'ils désiraient tous ne pas retourner en Russie, et qu'ils préféraient s'établir dans d'autres climats à retourner sous la verge d'une aussi rude discipline; qu'ils savaient que les autrichiens avaient perdu toutes leurs batailles, et ne faisaient que pleurer.

Le prince Murat s'est mis à la poursuite de l'ennemi. Il a rencontré l'arrière-garde des autrichiens, forte de six mille hommes, sur la route de Merobach ; l'appercevoir et la charger n'a été qu'une même chose pour sa cavalerie. Cette arrière-garde a été disséminée sur les hauteurs de Ried. La cavalerie ennemie s'est alors ralliée pour protéger le passage de l'infanterie par un défilé. Mais le 1er régiment de chasseurs et la division de dragons du général Beaumont l'ont culbutée, et se sont jettés avec l'infanterie ennemie dans le défilé. La fusillade a été assez vive ; mais l'obscurité de la nuit a sauvé cette division ennemie ; une partie s'est éparpillée dans les bois ; il n'a été fait que cinq cents prisonniers. L'avant-garde du corps du prince Murat a pris position à Haag. Le colonel Montbrun, du 1er de chasseurs, s'est couvert de gloire. Le 8e régiment de dragons a soutenu sa vieille réputation. Un maréchal-de-logis de ce régiment ayant eu le poignet emporté, dit devant le prince, au moment où il passait : Je regrette ma main, parce qu'elle ne pourra plus servir notre brave Empereur. L'Empereur, en apprenant ce trait, a dit : » Je reconnais bien là les sentiments du 8e. » Qu'on donne à ce maréchal-de-logis une place avan» tageuse, et selon son état, dans le palais de Ver» sailles. «

Les habitants de Braunau, selon l'usage, avaient porté dans leurs maisons une grande partie des magasins de la place. Une proclamation a tout fait rapporter. Il y a à présent un millier de sacs de farine, une grande quantité d'avoine, des magasins d'artillerie de toute espèce, une très-belle manutention et soixante mille rations de pain, dont nous avions grand besoin : une partie a été distribuée au corps du maréchal Soult.

Le maréchal Bernadotte est arrivé à Salzbourg. L'ennemi s'est retiré sur la route de Carinthie et de Wiels. Un régiment d'infanterie voulait tenir au village de Hallem ; il a dû se retirer sur le village de Colling, où le maréchal espérait que le général Kellermann parviendrait à lui couper la retraite et à l'enlever.

Les habitants assurent que, dans son inquiétude, l'Empereur d'Allemagne s'était porté jusqu'à Wels, où il avait appris le désastre de son armée. Il y avait appris aussi les clameurs de ses peuples de Bohême et d'Autriche contre les russes qui pillent et violent d'une manière si effrénée, qu'on désirait l'arrivée des français pour les délivrer de ces singuliers alliés.

Le maréchal Davoust, avec son corps d'armée, a pris position entre Ried et Haag. Tous les autres corps d'armée sont en grand mouvement; mais le temps est affreux : il est tombé un demi-pied de neige; ce qui a rendu les chemins détestables.

Le ministre secrétaire-d'État Maret a joint l'EMPEREUR à Braunau.

L'électeur de Bavière est de retour à Munich; il a été reçu avec le plus grand enthousiasme par le peuple de sa capitale.

Plusieurs malles de Vienne ont été interceptées : les lettres les plus récentes étaient du 18 octobre. On commençait à y avoir des nouvelles de l'affaire de Wertingen : elles y avaient répandu la consternation. Les vivres y étaient d'une cherté à laquelle on ne pouvait atteindre. La famine menaçait Vienne. Cependant la récolte a été abondante; mais la dépréciation du papier-monnaie et des assignats qui perdaient plus de quarante pour cent, avaient porté tout au plus haut prix. Le sentiment de la chûte du papier-monnaie autrichien était dans tous les esprits.

Le cultivateur ne voulait plus échanger ses denrées contre un papier de nulle valeur. Il n'est pas un homme en Allemagne qui ne considère les anglais comme les auteurs de la guerre, et les Empereurs François et Alexandre comme victimes de leurs intrigues. Il n'est personne qui ne dise : il n'y aura point de paix tant que les olygarques gouverneront l'Angleterre, et les olygarques gouverneront tant que Georges respirera. Aussi le règne du prince de Galles est-il désiré comme le terme de celui des olygarques, qui, dans tous les pays, sont égoïstes et insensibles aux malheurs du monde.

L'Empereur Alexandre était attendu à Vienne; mais il a pris un autre parti : on assure qu'il s'est rendu à Berlin.

XVIe BULLETIN.

De Ried, le 11 brumaire an 14 (2 novembre 1805).

Le prince Murat a continué sa marche en poursuivant l'ennemi l'épée dans les reins, et est arrivé le 9 en avant de Lambach. Les généraux autrichiens voyant que leurs troupes ne pouvaient plus tenir, ont fait avancer huit bataillons russes pour protéger leur retraite. Le 17e régiment d'infanterie de ligne, le 1er de chasseurs et le 8e de dragons chargèrent les russes avec impétuosité, et, après une vive fusillade, les mirent en désordre et les menèrent jusqu'à Lambach. On a fait cinq cents prisonniers, parmi lesquels une centaine de russes.

Le 10 au matin, le prince Murat mande que le général Walter, avec sa division de cavalerie, a pris possession de Wels. La division de dragons du général Beaumont, et la 1re division du corps d'armée du maréchal Davoust, commandée par le général Bisson, ont pris position à Lambach. Le pont sur la Traun était coupé; le maréchal Davoust y a fait substituer un pont de bateaux. L'ennemi a voulu défendre la rive gauche. Le colonel Valterre, du 30e régiment, s'est jetté un des premiers dans un bateau, et a passé la rivière. Le général Bisson faisant ses dispositions de passage a reçu une balle dans le bras.

Une autre division du corps du maréchal Davoust est en avant de Lambach sur le chemin de Steyer. Le reste de son corps d'armée est sur les hauteurs de Lambach.

Le maréchal Soult arrivera ce soir à Wels.

Le maréchal Lannes arrivera ce soir à Lintz.

Le général Marmont est en marche pour tourner la position de la rivière de l'Enns.

Le prince Murat se loue du colonel Conroux, commandant du 17e régiment d'infanterie de ligne. Les troupes ne sauraient montrer dans aucune circonstance plus d'impétuosité et de courage.

Au moment de son arrivée à Salzbourg, le maréchal Bernadotte avait détaché le général Kellermann à la tête de son avant-garde, pour poursuivre une colonne ennemie qui se retirait par le chemin de la Carinthie. Elle s'était mise à couvert derrière le fort de Passling dans le défilé de Colling. Quelle que forte que fût sa position, les carabiniers du 27e régiment d'infanterie légère l'attaquèrent avec impétuosité. Le général Werlé fit tourner le fort par le capitaine Campobane, par des chemins presqu'impraticables. Cinq cents hommes, dont trois officiers, ont été faits prisonniers. La colonne ennemie, forte de trois mille hommes, a été éparpillée dans les sommités. On y a trouvé une si grande quantité d'armes qu'on espère ramasser encore beaucoup de prisonniers. Le général Kellermann donne des éloges à la conduite du chef de bataillon Barbès-Latour. Le général Werlé a eu son habit criblé de balles.

Nos avant-postes mandent de Wels que l'Empereur

d'Allemagne y est arrivé le 25 octobre ; qu'il y a appris le sort de son armée d'Ulm, et qu'il s'est convaincu par ses propres yeux des ravages affreux que les russes font par-tout, et de l'extrême mécontentement de ses peuples. On assure qu'il est retourné à Vienne sans descendre de voiture.

La terre est couverte de neige, les pluies ont cessé ; le froid a pris le dessus ; il est assez vif ; ce n'est pas un commencement de novembre, mais un mois de janvier. Ce temps plus sec a l'avantage d'être plus sain et plus favorable à la marche.

XVIIe BULLETIN.

Lambach, le 12 brumaire an 14 (3 novembre 1805.)

Aujourd'hui 12, le maréchal Davoust a ses avant-postes près de Steyer. Le général Milhaud, avec la réserve de cavalerie aux ordres du prince Murat, est entré à Lintz le 10. Le maréchal Lannes y est arrivé le 12 avec son corps d'armée. On a trouvé à Lintz des magasins considérables dont on n'a pas encore l'inventaire, beaucoup de malades dans les hôpitaux, parmi lesquels une centaine de russes. On a fait des prisonniers, dont cinquante russes.

Au combat de Lambach, il s'est trouvé deux pièces de canon russes parmi celles qui ont été prises. Un général russe et un colonel de hussards autrichiens ont été tués.

La blessure que le général Bisson, commandant la première division du corps d'armée du maréchal Davoust a reçue au bras, est assez sérieuse pour l'empêcher de servir tout le reste de la campagne. Il n'y a cependant aucun danger. L'Empereur a donné au général Caffarelli le commandement de cette division.

Depuis le passage de l'Inn, on a fait quinze à dix-huit cents prisonniers, tant autrichiens que russes, sans y comprendre les malades.

Le corps d'armée du général Marmont est parti de Lambach, le 12 à midi.

L'EMPEREUR a établi son quartier-général à Lambach, où l'on croit qu'il passera toute la nuit du 12.

La saison continue à être rigoureuse ; la terre est couverte de neige ; le temps est très-froid.

On a trouvé à Lambach des magasins de sel pour plusieurs millions. On a trouvé dans la caisse de Lintz plusieurs centaines de milliers de florins.

Les russes ont tout dévasté à Wels, à Lambach et dans tous les villages environnants. Il y a des villages où ils ont tué huit ou dix paysans.

L'agitation et le désordre sont extrêmes à Vienne. On dit que l'Empereur d'Autriche est établi au couvent des bénédictins de Molk. Il paraît que le reste du mois de novembre verra des évènements majeurs et d'une grande importance.

M. Lezay, ministre de France à Salzbourg, a eu une audience de l'EMPEREUR au moment où S. M. partait de Braunau. Il n'avait pas cessé jusqu'alors de résider à Salzbourg.

On n'a point de nouvelles de M. de Larochefoucauld; on le croit toujours à Vienne. Au moment où l'armée autrichienne passa l'Inn, il demanda des passeports qu'on lui refusa.

Il est arrivé aujourd'hui plusieurs déserteurs russes.

XVIIIe BULLETIN.

Lintz, le 14 brumaire an 14 (5 novembre 1805).

Le prince Murat ne perd pas l'ennemi de vue. L'ennemi avait laissé dans Ebersberg trois ou quatre cents hommes pour retarder le passage de la Traun ; mais les dragons du général Walter se jettèrent dans des bateaux, et, sous la protection de l'artillerie, attaquèrent avec impétuosité la ville. Le lieutenant Vilandet, du 13e régiment de dragons, a passé le premier dans une petite barque.

Le général Walter, après avoir passé le pont sur la Traun, se porta sur Enns. La brigade du général Milhaud rencontra l'ennemi au village d'Asten, le culbuta, le poursuivit jusques dans Enns, et lui fit deux cents prisonniers, dont cinquante hussards russes. Vingt hussards russes ont été tués. L'arrière-garde des troupes autrichiennes, soutenue par la cavalerie russe, a été par-tout culbutée : ni l'une ni l'autre n'ont tenu à aucune charge. Les 22e et 16e de chasseurs et leurs colonels, Latour-Maubourg et Durosnel, ont montré la plus grande intrépidité. L'aide-de-camp du prince Murat, Flahaut, a eu une balle dans le bras.

Dans la journée du 13, nous avons passé l'Enns, et aujourd'hui le prince Murat est à la poursuite de l'ennemi. Le maréchal Davoust est arrivé le 12 à Steyer ; le 13, dans la journée, il s'est emparé de la ville, et a fait deux cents prisonniers : l'ennemi paraissait vouloir s'y défendre. La division de dragons du général Beaumont a soutenu sa réputation. L'aide-de-camp du général Beaumont a été tué. L'un et l'autre des ponts sur l'Enns sont parfaitement rétablis.

Au combat de Lambach, le colonel autrichien de Graffen et le colonel russe Koloffkin ont été tués.

L'Empereur d'Autriche, arrivé à Lintz, a reçu des plaintes de la régence sur la mauvaise conduite des russes, qui ne se sont pas contentés de piller, mais encore ont assommé à coups de bâton les paysans ; ce qui avait rendu déserts un grand nombre de villages. L'Empereur a paru très-affligé de ces excès, et a dit qu'il ne pouvait répondre des troupes russes comme des siennes ; qu'il fallait souffrir patiemment ; ce qui n'a pas consolé les habitants.

On a trouvé à Lintz beaucoup de magasins et une grande quantité de draps et de capottes dans les manufactures impériales.

Le général Deroi, à la tête d'un corps de bavarois, a rencontré à Lovers l'avant-garde d'une colonne de cinq régiments autrichiens venant d'Italie, l'a complettement battue, lui a fait quatre cents prisonniers et pris trois pièces de canon. Les bavarois se sont battus avec la plus grande opiniâtreté et avec une extrême bravoure. Le général Deroi lui-même a été blessé d'un coup de pistolet.

Ces petits combats donnent lieu à un grand nombre de traits de courage de la part des officiers particuliers. Le major général s'occupe d'une relation détaillée où chacun aura la part de gloire qu'aura méritée son courage.

L'Enns peut être considéré comme la dernière ligne qui défend les approches de Vienne. On prétend que l'ennemi veut tenir et se retrancher derrière les hauteurs de Saint-Hyppolite, à dix lieues de Vienne. Notre avant-garde y sera demain.

XIXe BULLETIN.

Lintz, le 15 brumaire an 14 (6 novembre 1805).

Le combat de Lovers a été très-brillant pour les bavarois. Les autrichiens occupaient au-delà de Lovers un défilé presqu'inaccessible, flanqué à droite et à gauche par des montagnes à pic. Le couronnement était couvert de chasseurs tyroliens qui en connaissaient tous les sentiers ; trois forts en maçonnerie fermant les montagnes, en rendent l'accès presqu'impossible. Après une vive résistance, les bavarois culbutèrent tout, firent six cents prisonniers, prirent deux pièces de canon et s'emparèrent de tous les forts. Mais à l'attaque du dernier, le lieutenant-général Deroi, commandant en chef l'armée bavaroise, fut blessé d'un coup de pistolet. Les bavarois ont eu douze officiers tués ou blessés, cinquante soldats tués et deux cent cinquante blessés. La conduite du lieutenant-général Deroi mérite les plus grands éloges : c'est un vieil officier plein d'honneur, extrêmement attaché à l'électeur dont il est l'ami.

Tous les moments ont été tellement occupés, que l'Empereur n'a pu encore passer en revue l'armée bavaroise, ni connaître les braves qui la composent.

Le prince Murat, après la prise d'Enns, poursuivit de nouveau l'ennemi. L'armée russe avait pris position sur les hauteurs d'Amstellen; le prince Murat l'a attaquée avec les grenadiers du général Oudinot ; le combat a été assez opiniâtre. Les russes ont été dépostés de toutes leurs positions, ont laissé quatre cents morts sur le champ de bataille et quinze cents prisonniers. Le prince Murat se loue particulièrement du général Oudinot ; son aide-de-camp Lagrange a été blessé.

Le maréchal Davoust, au passage de l'Enns à Steyer, se loue spécialement de la conduite du général Heudelet, qui commande son avant-garde. Il a continué sa marche, et s'est porté à Wahidoffen.

Toutes les lettres interceptées portent que les meubles de la Cour sont déjà embarqués sur le Danube, et qu'on s'attend à Vienne à la prochaine arrivée des Français.

XXe BULLETIN.

Lintz, le 16 brumaire an 14 (7 novembre 1805).

Le combat d'Amstetten a fait beaucoup d'honneur à la cavalerie, et particulièrement aux 9e et 10e régiments de hussards, et aux grenadiers de la division du général Oudinot.

Les russes ont depuis accéléré leur retraite ; ils ont envain coupé les ponts sur l'Ips, qui ont été promptement rétablis, et le prince Murat est arrivé jusqu'auprès de l'abbaye de Molk.

Une reconnaissance s'est portée sur la Bohême. Nous avons pris des magasins très-considérables, soit à Freystadt, soit à Matthausen.

Le maréchal Mortier, avec un corps d'armée, manœuvre sur la rive gauche du Danube.

Une députation du sénat vient d'arriver à Lintz. L'électeur de Bavière y est attendu dans deux heures.

Lintz, le 17 brumaire an 14 (8 novembre 1805).

L'électeur de Bavière et le prince électoral sont arrivés hier soir à Lintz. Le lieutenant-général, comte de

Giulay, envoyé par l'Empereur d'Autriche, y est arrivé dans la nuit. Il a eu une très-longue conférence avec l'EMPEREUR. On ignore l'objet de sa mission.

On a fait au combat d'Amstetten mille huit cents prisonniers, dont sept cents russes.

Le prince Murat a établi son quartier-général à l'abbaye de Molk. Ses avant-postes sont sur Saint-Polten (Saint-Hypolyte).

Dans la journée du 17, le général Marmont s'est dirigé sur Léoben. Arrivé à Weyer, il a rencontré le régiment de Giulay, l'a chargé et lui a fait quatre cents prisonniers dont un colonel et plusieurs officiers. Il a poursuivi sa route. Toutes les colonnes de l'armée sont en grande manœuvre.

☞ Quoique les détails relatifs aux députations du Sénat et du Tribunat ne fassent point partie des Bulletins de la grande armée, nous croyons devoir les donner ici avec d'autant plus de raison que l'on y trouvera l'expression des sentiments du peuple français pour son auguste chef.

DÉPUTATION DU SÉNAT.

MM. les sénateurs Colaud, Sainte-Suzanne, Monge et Garnier-Laboissière, députés pour porter une adresse du sénat-conservateur à S. M. l'EMPEREUR ET ROI, se sont rendus au quartier-général; ils sont arrivés à Lintz, capitale de la Haute-Autriche, le 17 brumaire.

La députation ayant été introduite le même jour auprès de S. M., M. Monge a parlé en ces termes :

SIRE,

» Pénétré d'admiration au récit des merveilles opérées par le génie de V. M. I. et R. ;

» Frappé de la manière éclatante dont V. M. I. et R. vient de retirer la France, plus glorieuse que jamais, du danger dans lequel l'Europe presqu'entière se flattait de l'avoir tout-à-coup précipitée ;

» Profondément sensible aux marques honorables de bienveillance que V. M. I. et R. a bien voulu lui donner sur le champ de bataille, et au moment même de son triomphe ;

» Le senat, présidé par S. A. I. le grand-électeur prince Joseph ; S. A. I. le connétable prince Louis étant en séance ; ainsi que S. A. S. Mgr. l'archi-chancelier de l'Empire, et en présence des ministres ;

» Nous a chargés de porter à V. M. I. et R. l'hommage de sa haute admiration, de sa vive reconnaissance, et de tout son amour. »

M. Monge a ensuite fait lecture de l'adresse délibérée par le sénat, dans la séance du 2 brumaire.

Extrait des registres du Sénat-Conservateur, du jeudi 2 brumaire an 14.

A une heure après midi, les membres du sénat se réunissent en vertu d'une convocation extraordinaire ordonnée par S. A. I. Mgr le prince Joseph, grand-électeur.

S. A. I. Mgr le prince Louis, connétable, S. A. S. Mgr le prince archi-chancelier de l'Empire, et une partie des ministres, sont présents à la séance.

Elle est ouverte sous la présidence de Mgr le grand-électeur, par le discours suivant, que prononce S. A. I.

SÉNATEURS,

» Au milieu de ses triomphes, S. M. l'EMPEREUR a éprouvé le besoin de donner au sénat une nouvelle marque de son affection : c'est l'objet du message que S. M. m'ordonne de mettre sous vos yeux.

» Vous verrez, MESSIEURS, qu'il tarde à S. M. que la jeunesse française puisse prendre part aux nouveaux succès qui l'attendent.

» Mais déjà nos jeunes conscrits sont en mouvement : tous partent ou sont partis.

» Toutes les familles savent que lorsque leurs enfants se rendent à la grande armée, ils vont se ranger sous l'égide du père commun des français, plus avare encore de leur sang, qu'avide de leur gloire.

» L'EMPEREUR et son armée ont dépassé les espérances de la nation. Je suis heureux de pouvoir vous dire qu'elle répond d'une manière digne d'elle à l'appel glorieux de son chef. «

Le message de S. M. L'EMPEREUR ET ROI dont S. A. I. fait donner lecture à l'assemblée, est conçu dans les termes suivants :

SÉNATEURS,

» Je vous envoie quarante drapeaux conquis par mon armée
» dans les différents combats qui ont eu lieu depuis celui de Wertingen.
» C'est un hommage que moi et mon armée faisons aux sages de
» l'Empire ; c'est un présent que des enfants font à leurs pères.

» Sénateurs, voyez-y une preuve de ma satisfaction pour la ma-
» nière dont vous m'avez constamment secondé dans les affaires les
» plus importantes de l'empire. Et vous, français, faites marcher
» vos frères ; faites qu'ils accourent combattre à nos côtés, afin que,
» sans effusion de sang, sans efforts, nous puissions repousser
» loin de nous toutes les armées que forme l'or de l'Angleterre,
» et confondre les auxiliaires des oppresseurs des mers. Sénateurs,
» il n'y a pas encore un mois que je vous ait dit que votre EMPEREUR
» et son armée feraient leur devoir ; il me tarde de pouvoir dire
» que mon peuple a fait le sien. Depuis mon entrée en campagne,
» j'ai dispersé une armée de cent mille hommes : j'en ai fait près
» de la moitié prisonnière ; le reste est tué, blessé ou déserté,
» et dans la plus grande consternation. Ces succès éclatants, je
» les dois à l'amour de mes soldats, à leur constance à supporter
» la fatigue. Je n'ai pas perdu quinze cents hommes tués ou blessés.
» Sénateurs, le premier objet de la guerre est déjà rempli. L'élec-
» teur de Bavière est rétabli sur son trône. Les injustes agresseurs
» ont été frappés comme de la foudre, et, avec l'aide de Dieu,
» j'espère, dans un court espace de temps, triompher de mes autres
» ennemis. «

De mon camp impérial d'Elchingen, le 26 vendémaire an 14.

Signé NAPOLÉON.

Par l'Empereur,

Le Secrétaire-d'État, *signé* H. B. MARET.

S. A. I. fait pareillement donner lecture du sixième Bulletin de la grande armée et des articles de la capitulation d'Ulm, imprimés à la suite de ce Bulletin.

L'assemblée témoigne par ses acclamations la part qu'elle prend aux grandes nouvelles qui lui sont communiquées.

Un membre, après avoir exprimé les sentiments dont il est pénétré pour la marque éclatante que reçoit le sénat de la bienveillance de S. M. L'EMPEREUR, demande qu'il soit nommé de suite une commission de cinq membres, chargée de rédiger, séance tenante, une adresse qui sera portée à S. M. dans son camp impérial, par une députation composée de l'un des membres du bureau du sénat, et de trois autres sénateurs.

Cette proposition, unanimement appuyée, est mise aux voix et adoptée par le sénat.

On demande l'impression tant du message de S. M. que du discours de S. A. I. Mgr le grand-électeur, de celui qui a été prononcé par un des membres, et du Bulletin communiqué au sénat.

Cette impression est ordonnée.

On procède de suite à la nomination des cinq membres qui doivent composer la commission spéciale dont la formation vient d'être arrêtée.

Le résultat du dépouillement donne la majorité absolue des suffrages aux sénateurs Lacépède, Clément-de-Ris et François (de Neufchâteau), à S. A. I. Mgr le prince Louis, et à S. A. S. Mgr le prince archi-chancelier de l'Empire.

La commission se retire pour rédiger le projet d'adresse à S. M. l'Empereur.

Ce projet que, par l'organe de M. Lacépède, son rapporteur, elle présente bientôt à l'assemblée, est adopté ainsi qu'il suit :

Sire,

» Il nous semblait entendre encore V. M. I. et R., nous adresser, du haut de son trône, les paroles mémorables qui ont donné, il n'y a que peu de jours, le signal des combats, et déjà V. M. a fixé le destin de la Germanie.

» Elle a paru, et les armées de l'Autriche ont été détruites ou dispersées.

» La grande nation répond par ses vives acclamations aux chants de victoire dont la grande armée fait retentir les rives du Danube, de l'Iller et de l'Iser, délivrées par les armes de V. M.

» De toutes les parties de l'Empire s'élancent de nombreuses phalanges, impatientes de combattre sous les yeux de V. M. Ces jeunes français n'ont qu'un désir, celui d'arriver dans les camps de V. M. I., avant que tous les ennemis de la tranquillité de l'Europe n'aient disparu devant V. M.

» Le sénat, Sire, pénétré de la nouvelle et si honorable marque de la bienveillance de V. M., vous présente l'hommage de l'admiration et de l'amour du grand peuple.

» Les trophées de votre gloire, ces témoins de la valeur des braves que dirige la puissance irrésistible de votre génie, vont orner le lieu de nos séances. Ils y attesteront à la postérité vos merveilleux triomphes, et la reconnaisance des français. Il faudra bien des monuments, Sire, pour que l'histoire puisse rendre croyables les prodiges que vous opérez.

» Le sénat tout entier voudrait aller vous exprimer tous les sentiments qui l'animent. Un devoir sacré peut seul le retenir loin de V. M. Son respect, son dévouement et ses vœux vous suivront par-tout où la gloire conduira vos légions victorieuses. «

On procède à la nomination des membres qui doivent former la députation chargée de porter cette adresse à S. M. I.

Le résultat du scrutin désigne pour membres de cette députation, les sénateurs Colaud, l'un des secrétaires; Sainte-Suzanne, Monge et Garnier-Laboissière.

Les président et secrétaires,

Signé, Joseph Bonaparte, Porcher.

Vu et scellé,

Le chancelier du sénat, Laplace.

Après cette lecture, M. Monge a repris la parole en ces termes :

Sire,

» Si chacun des membres du sénat eût pu suivre le mouvement de son cœur, ils seraient tous à Lintz.

» Nous, à qui une faveur signalée du sénat permet d'approcher de la personne sacrée de V. M. I. et R., et de voir, pour ainsi dire, jaillir de leur source les rayons de sa gloire, nous supplions V. M. d'accueillir avec bonté le tribut de notre profond respect, de notre inviolable fidélité, et de notre dévouement sans bornes.

» Sire, V. M. I. et R. accomplira certainement ses hautes destinées. Puisse-t-elle parcourir en entier le siècle auquel elle donne tant d'éclat, et qui lui sera redevable du nom illustre qu'il recevra de la postérité! «

Députation du Tribunat.

MM. les membres du tribunat, députés auprès de S. M. l'Empereur et Roi, avaient été invités à attendre, à Strasbourg, que le quartier impérial fût devenu plus fixe. Après la capitulation de l'armée à Ulm, ils partirent pour Munich, où ils ne purent arriver avant le départ de S. M. La rapidité des progrès de la grande armée, la distance qui se trouva bientôt entre Munich et le quartier-général, et la difficulté des communications pour une députation nombreuse, furent autant d'obstacles à la marche des députés, qui néanmoins parvinrent jusqu'à Lintz, capitale de la Haute-Autriche. Ils y apprirent que S. M. les avait destinés à porter en France les trophées de la grande armée, et qu'une lettre, qui leur annonçait cette honorable mission, était arrivée à Munich peu de jours après leur départ. Ils retournèrent dans cette ville. Les drapeaux, qui avaient été déposés dans la partie du palais électoral que S. M. avait occupée, furent remis avec solennité à la députation, par M. le baron de Deux-Ponts, lieutenant-général de S. A. S. électorale. MM. les députés, avant de remplir la nouvelle mission qui leur était confiée, s'acquittèrent de celle qu'ils avaient reçue de leur corps, en adressant à S. M. la lettre et les pièces ci-jointes :

SIRE,

» Le jour même où la grande armée, si digne de son nom et du chef auguste qui le lui a imposé, passait le Rhin, le 4 vendémiaire, une adresse fut votée par le tribunat pour exprimer ses sentiments et ceux de tous vos fidèles sujets sur l'agression déloyale autant que téméraire de l'Autriche et de la Russie.

» Le corps auquel nous avons l'honneur d'appartenir ne balança pas à prédire à la France les victoires de son EMPEREUR, et à se rendre garant envers l'EMPEREUR du dévouement des Français.

» Quelqu'empressement que nous ayions mis à porter à V. M. ces présages inspirés par le zèle le plus pur, ils ont été accomplis et surpassés avant que nous pussions arriver aux pieds de V. M.

» SIRE, chaque jour les progrès de votre armée ont ajouté un nouveau délai et donné un nouvel éclat à la mission dont nous avons été chargés par le tribunat. Impatients d'offrir à V. M. des félicitations que nos vœux avaient si fidèlement devancées, heureux en même-temps d'être contrariés dans notre impatience par la célérité de vos triomphes, nous avons dû, pour remplir un devoir si cher à nos cœurs, essayer de suivre la course de ce char rapide, dans lequel vous entraînez la victoire.

» En apprenant à Lintz que V. M. avait bien voulu s'occuper de nous; qu'elle avait daigné manifester la plus touchante sollicitude sur les difficultés qui nous empêcheraient de parvenir jusqu'à elle, nous nous sommes hâtés de revenir ici pour recevoir et exécuter les ordres qu'elle nous y avait fait adresser par son ministre secrétaire-d'état.

» SIRE, nous éprouvons le besoin d'épancher la reconnaissance dont ils nous pénètrent. En nous choisissant pour porter en France les trophées de sa gloire, V. M. accorde la récompense la plus douce, la plus honorable aux sentiments dont elle sait que le tribunat a été constamment animé pour son auguste personne. Lorsqu'en votre nom, SIRE, nous remettrons au sénat ces fruits brillants de vos victoires, nous osons nous flatter qu'il les recevra avec une satisfaction paternelle des mains de ceux qui s'efforcent de justifier le suffrage par lequel il les a consacrés au service de l'État et de V. M. En inaugurant avec nos collègues les drapeaux dont elle permet que le lieu de nos séances soit décoré, nous croirons tous entendre de nouveau ces paroles de bienveillance dont elle a plusieurs fois récompensé notre dévouement.

» Nous ne saurions renoncer sans regret à l'espérance de présenter nous-mêmes à V. M. l'adresse que nous prenons la liberté de mettre sous ses yeux; mais sa bonté a voulu que ce regret se perdît dans l'enthousiasme de la reconnaissance. Certes, nous devons nous féliciter à jamais de notre mission, puisqu'elle nous procure une faveur si précieuse, puisqu'elle nous a placés plus près que tous les autres citoyens du théâtre de votre gloire.

» Sire, malgré le bonheur que nous trouverions à laisser un libre cours à notre admiration, nous ne risquerons pas d'atténuer, par des paroles trop faibles, l'impression de tant d'exploits prodigieux. Citer le mois de vendémiaire, et sur-tout le grand nom de Napoléon, c'est parler à l'imagination plus éloquemment qu'on ne pourrait le faire par les récits les plus pompeux. Vous avez épuisé, à force de triomphes, la langue du peuple le plus sensible à la gloire et le plus digne de la célébrer. On ne croit à la possibilité d'atteindre par l'expression à la hauteur de vos actions, qu'au moment où on lit ces proclamations sublimes qui retracent à vos soldats les différentes routes par lesquelles vous les avez conduits à la victoire.

» Sire, nous nous empressons de reprendre le chemin de notre patrie, pour remplir la mission dont V. M. nous a honorés, et pour aller unir l'expression de nos sentimens à ces transports d'amour et d'allégresse par lesquels la France répond aux miracles de votre génie «.

A Munich, le 24 brumaire an 14.

Vos fidèles sujets, le président et les membres de la députation du tribunat.

Fabre (de l'Aude), président du tribunat; *Tarrible*, *Duvidal*, secrétaires du tribunat; *Faure*, *Perin*, *J. Albisson*, *Challan*, *Pinteville-Cernon*, *Favard*, *Arnould*, *Max. V. Fréville*, *Jaubert*, *Carrion-Nisas*.

Extrait du procès-verbal des séances du tribunat, du 4 vendémiaire de l'an 14.

Présidence de M. Fabre (de l'Aude).

Le tribunat, après avoir entendu le rapport d'une commission spéciale, sur la communication qui lui a été faite le 2 de ce mois, d'après les ordres de S. M. l'Empereur et Roi;

Arrête, à l'unanimité, qu'il sera fait une adresse à S. M. pour lui exprimer l'indignation que ses fidèles sujets ont éprouvée à la nouvelle des démarches hostiles de l'Autriche et de la Russie; la reconnaissance dont ils ont été pénétrés en apprenant tout ce que S. M. a tenté pour leur éviter les sacrifices inséparables d'une nouvelle guerre, la disposition où ils sont de multiplier les actes du dévouement le plus chaleureux, pour venger le prince et la patrie, pour abréger la guerre par des succès décisifs, et pour mettre l'EMPEREUR en état de dicter à ses ennemis une paix glorieuse et durable.

Le tribunat charge sa commission de la rédaction de l'adresse, qui sera soumise à son approbation, dans un comité général, qui sera tenu demain à une heure précise.

Elle sera portée à S. M. l'EMPEREUR par une députation de douze membres, à la tête de laquelle sera M. le président.

Pour extrait conforme :

Les président et secrétaires,

Fabre (de l'Aude), *président.*

Tarrible, Duvidal, *secrétaires.*

Extrait du procès-verbal des séances du tribunat. — Séance secrette du vendredi 5 vendémiaire an 14.

Le tribunat étant réuni en comité général, M. Fréville, rapporteur, a la parole : au nom de la commission nommée sur la communication faite le 2 de ce mois, par les ordres de S. M. l'EMPEREUR ET ROI, il fait lecture du projet d'adresse qui a obtenu l'assentiment unanime de la commission.

La rédaction en est adoptée.

Pour extrait conforme :

Les président et secrétaires,

Fabre (de l'Aude), *président.*

Tarrible, Duvidal, *secrétaires.*

Séance secrette des 9 et 10 vendémiaire an 14.

Le tribunat s'est réuni en comité général pour la formation de la députation de douze membres votée dans la séance du 4 du présent mois.

Il a été arrêté que la députation serait composée de M. Fabre, président ;

De MM. Tarrible et Duvidal, secrétaires ;

De M. Faure, président de la section de législation ;

De M. Girardin, président de celle de l'intérieur ;

De M. Arnould, président de celle des finances ;

De M. Fréville, rapporteur de la commission ;

Et de cinq membres nommés au scrutin.

Les suffrages recueillis selon l'ordre de la pluralité, ont désigné MM. Carrion-Nisas, Pinteville-Cernon, Jaubert, Albisson et Challan.

Il a été arrêté de plus que, si l'un des membres de la députation se trouvait dans l'impossibilité absolue de remplir sa mission, il serait remplacé par M. Favard qui, après M. Challan, a obtenu le plus de suffrages.

Le cas prévu étant arrivé, M. Favard, nommé dans la séance du 9, a été appelé pour compléter la députation.

Pour extrait conforme :

Les président et secrétaires,

Fabre (de l'Aude), *président.*

Tarrible, Duvidal, *secrétaires.*

Adresse du tribunat à S. M. L'EMPEREUR DES FRANÇAIS, ROI D'ITALIE.

Paris, 5 vendémiaire an 14.

SIRE,

Vos fidèles sujets les membres du tribunat, en recevant la communication que vous avez ordonnée en leur faveur, ont éprouvé au même degré, et l'indignation contre les puissances qui vous provoquent, et l'admiration pour la persévérance que vous avez mise à essayer tous les moyens qui pouvaient préserver le continent des calamités de la guerre. Si elle a été infructueuse pour la paix, cette modération héroïque, elle ne demeure pas stérile; elle assure à V. M. la reconnaissance de ses peuples. Ils bénissent la magnanimité du héros qu'on vit toujours aussi habile à lancer le char de la victoire que prompt à l'arrêter dès que l'honneur et l'intérêt national permettaient de prêter l'oreille à la voix de l'humanité.

V. M. avait accompli les préparatifs d'une expédition qui devait punir la violation du traité d'Amiens et affranchir les mers. C'est au moment où les alarmes de l'Angleterre annoncent sa détresse, que l'Autriche et la Russie se montrent, non simplement menaçantes, mais complettement armées. SIRE, cette perfidie révèle le mystère d'une longue intelligence entre nos ennemis. Ce n'est pas une guerre nouvelle qu'ils commencent; ils rallument celle qu'ils entreprirent il y a treize ans contre notre indépendance. Sous la foi des traités ils n'ont jamais prétendu recueillir que les avantages d'une trève fallacieuse. Vous aviez vaincu les armées, mais non la haine de l'Autriche. Vous vous êtes efforcé d'en douter, SIRE; c'était l'incrédulité de votre cœur repoussant la nécessité de nouveaux sacrifices pour vos sujets. D'ailleurs vous aviez été si généreux! pouviez-vous croire à tant d'ingratitude? Vous êtes si puissant! deviez-vous craindre qu'on osât vous défier?

Mais ce qui provoque la jalouse fureur de nos ennemis ; c'est la puissance même de V. M. inséparable de la prospérité de l'Empire. Certes, ils ont de nombreux griefs à alléguer s'ils les comptent par tous ces actes de sagesse, par tous ces traits de bonté qui, chaque jour, augmentent les ressources de l'état et l'enthousiasme du peuple pour votre auguste personne. Il faut que leur haine soit bien aveugle, puisqu'ils ne voient pas qu'une coalition, conduite comme un complot, a déjà pour effet, aura pour résultat infaillible d'accroître cette puissance qu'ils attaquent si imprudemment. En conspirant contre la gloire de l'Empereur et la splendeur de la France, ils resserrent encore les liens de bienveillance et de fidélité, d'amour et d'admiration qui unissent le monarque et la nation dans l'irrésistible alliance de la force et du génie.

Sire, vous n'aurez pas vainement invoqué les engagements que votre peuple a contractés avec vous, lorsque vous lui avez consacré votre existence en vous asseyant sur le trône. Plus vous avez montré de sollicitude pour lui épargner les calamités d'une nouvelle guerre, plus il est disposé à les abréger par de prompts et grands efforts, plus il est déterminé à vous offrir tous les moyens, toutes les preuves de dévouement qui peuvent vous mettre en état de dicter à vos ennemis une paix glorieuse et durable.

Sire, à l'instant où le tribunat vous répond de l'ardeur et de la constance des français pour la cause du prince et de la patrie, il a la conscience d'exprimer le sentiment national aussi fidèlement qu'à l'époque où il pressa V. M. de placer sur tant de lauriers la couronne impériale.

Fabre (de l'Aude), *président.*

Tarrible, Duvidal, *secrétaires.*

XXIe BULLETIN.

Molk, le 19 brumaire an 14 (10 novembre 1805).

Le 16 brumaire, le corps d'armée du maréchal Davoust se dirigea de Steyer sur Naydhoffen, Marienzell et Lilienfeld. Par ce mouvement, il débordait entièrement la gauche de l'armée ennemie, qu'on supposait devoir tenir sur les hauteurs de Saint-Hypolite; et de Lilienfeld il se dirigeait sur Vienne par un grand chemin de roulage qui y conduit directement.

Le 17, l'avant-garde de ce maréchal, étant encore

à plusieurs lieues de Marienzell, rencontra le corps du général Meerfeldt qui marchait pour se porter sur Neudstadt et couvrir Vienne de ce côté. Le général de brigade Heudelet, commandant l'avant-garde du maréchal Davoust, attaqua l'ennemi avec la plus grande vigueur, le mit en déroute, et le poursuivit l'espace de cinq lieues.

Le résultat de ce combat de Marienzell a été la prise de trois drapeaux, de seize pièces de canon et de quatre mille prisonniers, parmi lesquels se trouvent les colonels des régiments Joseph de Colloredo et de Deutschmeisler, et cinq majors.

Le 13e régiment d'infanterie legère et le 108e régiment de ligne se sont parfaitement comportés.

Le 18 au matin, le prince Murat est arrivé à Saint-Hypolite. Il a dirigé le général de brigade de dragons Sébastiani sur Vienne. Toute la cour et les grands sont partis de cette capitale. On avait déjà annoncé aux avant-postes que l'Empereur se préparait à quitter Vienne.

L'armée russe a effectué sa retraite à Krems en repassant le Danube, craignant sans doute de voir ses communications avec la Moravie coupées par le mouvement qu'a fait le maréchal Mortier sur la rive gauche du Danube.

Le général Marmont doit avoir dépassé Léoben.

L'abbaye de Molk, où est logé l'EMPEREUR, est une des plus belles de l'Europe. Il n'y a en France ni en Italie aucun couvent ni abbaye qu'on puisse lui comparer. Elle est dans une position forte et domine le Danube. C'était un des principaux postes des Romains qui s'appelait *la Maison de fer*, bâtie par l'Empereur Commode.

Les caves et les celliers de l'abbaye se sont trouvés remplis de très-bon vin de Hongrie : ce qui a été d'un très-grand secours à l'armée qui depuis longtemps en manquait; mais nous voilà dans le pays du vin; il y en a beaucoup dans les environs de Vienne.

L'EMPEREUR a ordonné qu'on mît une sauve-garde particulière au château de Lustchloss, petite maison de campagne de l'Empereur d'Autriche, qui se trouve sur la rive gauche du Danube.

Les avenues de Vienne, de ce côté, ne ressemblent pas aux avenues des grandes capitales. De Lintz à Vienne il n'y a qu'une seule chaussée; un grand nombre de rivières, telles que l'Ips, l'Eslaph, la Molk, la Trasen, etc., n'ont que de mauvais ponts en bois. Le pays est couvert de forêts de sapins : à chaque pas des positions inexpugnables où l'ennemi a en vain essayé de tenir. Il a toujours eu à craindre de se voir débordé et tourné par les colonnes qui manœuvraient au-delà de ses flancs.

Depuis l'Inn jusqu'ici, le Danube est superbe, ses points-de-vue sont pittoresques; sa navigation, en descendant, rapide et facile.

Toutes les lettres interceptées ne parlent que de l'effroyable cahos dont Vienne offre le spectacle. La guerre a été entreprise par le cabinet autrichien contre l'avis de tous les princes de la famille impériale. Mais Colloredo, mené par sa femme, qui, française, porte à sa patrie la haine la plus envenimée; Cobenzl accoutumé à trembler au seul nom d'un russe, dans la persuasion où il est que tout doit fléchir devant eux, et chez qui, d'ailleurs, il est possible que les agents de l'Angleterre aient trouvé moyen de s'introduire; et enfin, ce misérable Mack qui avait déjà joué un si grand rôle pour le renouvellement de la seconde coalition; voilà les influences qui ont été plus fortes que celles de tous les hommes sages et de tous les membres de la famille impériale.

Il n'est pas jusqu'au dernier bourgeois, au dernier officier subalterne qui ne sente que cette guerre n'est avantageuse que pour les anglais ; que l'on ne s'est battu que pour eux ; qu'ils sont les artisans du malheur de l'Europe, comme par leur monopole ils sont les auteurs de la cherté excessive des denrées.

XXIIe BULLETIN.

A Saint-Polten, le 22 brumaire an 14 (13 novembre 1805).

Le maréchal Davoust a poursuivi ses succès. Tout le corps de Meerfeld est détruit. Ce général s'est sauvé avec une centaine de hullans.

Le général Marmont est à Léoben. Il y a fait cent hommes de cavalerie prisonniers.

Le prince Murat était depuis trois jours à une demi-lieue de Vienne. Toutes les troupes autrichiennes avaient évacué cette ville. La garde nationale y faisait le service. Elle était animée d'un très-bon esprit.

Aujourd'hui 22 brumaire, les troupes françaises ont fait leur entrée dans cette capitale.

Les russes se sont refusés à toutes les tentatives que l'on a faites pour les engager à livrer bataille sur les hauteurs de Saint-Polten (Saint-Hypolite). Ils ont passé le Danube à Crems, et aussitôt après leur passage, brûlé le pont qui était très-beau.

Le 20 à la pointe du jour, le maréchal Mortier (1),

(1) Les habitants de Cateau-Cambresis, après avoir lu le Bulletin de la grande armée, qui contient le recit du combat de Dierustein, où le maréchal d'empire, Mortier, a soutenu avec quatre mille français les efforts réunis de l'armée russe, l'a battue et forcée à la retraite, ont décidé de faire faire en marbre le buste du maréchal

à la tête de six bataillons, s'est porté sur Stein. Il croyait y trouver une arrière-garde, mais toute l'armée russe y était encore, ses bagages n'ayant pas filé; alors s'est engagé le combat de Diernstein, à jamais mémorable dans les annales militaires. Depuis six heures du matin jusqu'à quatre heures de l'après-midi, ces quatre mille braves firent tête à l'armée russe, et mirent en déroute tout ce qui leur fut opposé.

Maîtres du village de Loiben, ils croyaient la journée finie : mais l'ennemi irrité d'avoir perdu dix drapeaux, six pièces de canon, neuf cents hommes faits prisonniers, et deux mille hommes tués, avait fait diriger deux colonnes par des gorges difficiles, pour tourner les français. Aussitôt que le maréchal Mortier s'apperçut de cette manœuvre, il marcha droit aux troupes qui l'avaient tourné, et se fit jour au travers des lignes de l'ennemi, dans l'instant même où le 9e régiment d'infanterie légère et le 32e d'infanterie de ligne, ayant chargé un autre corps russe, avaient mis ce corps en déroute, après lui avoir pris deux drapeaux et quatre cents hommes.

Cette journée a été une journée de massacre. Des monceaux de cadavres couvraient un champ de bataille étroit. Plus de quatre mille russes ont été tués ou blessés; treize cents ont été faits prisonniers. Parmi ces derniers, se trouvent deux colonels.

De notre côté, la perte a été considérable. Le 4e et

Mortier, leur compatriote. Ce buste sera placé dans la grande salle de l'hôtel-de-ville, avec l'inscription suivante :

» Les habitants du Cateau, au vainqueur de Diernstein, leur » illustre concitoyen, le brave maréchal d'empire, Mortier, faisant » ployer l'armée des russes et la barbarie du Nord, devant quatre » mille français. «

Il a été en même-temps arrêté que le conseil municipal se transporterait chez le père de M. le maréchal.

le 9e d'infanterie légère ont le plus souffert. Les colonels du 100e et du 103e ont été légérement blessés. Le colonel Wattier, du 4e régiment de dragons, a été tué (1). S. M. l'avait choisi pour un de ses écuyers. C'était un officier d'une grande valeur. Malgré les difficultés du terrein, il était parvenu à faire, contre une colonne russe, une charge très-brillante ; mais il fut atteint d'une balle, et trouva la mort dans la mêlée.

Il paraît que les russes se retirent à grandes journées.

L'empereur d'Allemagne, l'impératrice, le ministère et la cour sont à Brünn en Moravie. Tous les grands ont quitté Vienne. Toute la bourgeoisie y est restée. On attend à Brünn l'empereur Alexandre, à son retour de Berlin.

Le général comte de Giulay a fait plusieurs voyages, porteur de lettres des Empereurs de France et d'Allemagne. L'empereur d'Allemagne se résoudra sans doute à la paix, lorsqu'il aura obtenu l'assentiment de l'empereur de Russie.

En attendant, le mécontentement des peuples est extrême. On dit à Vienne, et dans toutes les provinces de la monarchie autrichienne, que l'on est mal gouverné ; que, pour le seul intérêt de l'Angleterre, on a été entraîné dans une guerre injuste et désastreuse ; que l'on a inondé l'Allemagne de barbares mille fois plus à craindre que tous les fléaux réunis ; que les finances sont dans le plus grand désordre ; que la fortune publique et les fortunes particulières sont ruinées par l'existence d'un papier-monnaie qui perd cinquante pour cent ; qu'on avait assez de maux à réparer, pour qu'on

---

(1) Voyez le 24e Bulletin.

ne dût pas y ajouter encore tous les malheurs de la guerre.

Les hongrois se plaignent d'un gouvernement illibéral, qui ne fait rien pour leur industrie et se montre constamment jaloux de leurs privilèges et inquiet de leur esprit national.

En Hongrie comme en Autriche, à Vienne comme dans les autres villes, on est persuadé que l'EMPEREUR NAPOLÉON a voulu la paix, qu'il est l'ami de toutes les nations et de toutes les grandes idées.

Les anglais sont les perpétuels objets des imprécations de tous les sujets de l'empereur d'Allemagne et de la haine la plus universelle. N'est-il pas temps enfin que les princes écoutent la voix de leurs peuples, et qu'ils s'arrachent à la fatale influence de l'olygarchie anglaise ?

Depuis le passage de l'Inn, la grande armée a fait dans les différentes affaires d'avant-garde et dans les diverses rencontres qui ont eu lieu, environ dix mille prisonniers.

Si l'armée russe avait voulu attendre les français, elle était perdue. Plusieurs corps d'armée la poursuivent vivement.

Les deux proclamations dont la traduction suit, ont été publiées à Vienne le 10 et le 11 de ce mois (novembre).

AVIS.

D'après un décret de son excellence le commissaire de la cour, établi dans la basse Autriche, on prévient le public :

Que pour la conservation du repos et de l'ordre dans l'intérieur, il a été arrêté qu'un certain nombre de bourgeois armés, pour être toujours entretenu au complet, y compris les nobles et employés, ainsi que des membres de l'académie des beaux arts et autres individus, s'ils ont les moyens nécessaires pour se mettre en état de paraître sous les armes, doivent être prêts à se porter où le besoin l'exigera.

Les places d'armes sont dans les fauxbourgs :

Léopoldstadt, place des Carmelites.

Landstrasse, place des Augustins.

Vieder, place Saint-Paul.

Mariahulf, place de Mariahulf.

Saint-Ulric, place de la Cour.

Josephstadt, place des Piaristes.

Allergasse, à la fin du jardin de Eichtenstein.

Rossau, près la fontaine Eichtenstein.

Dans la ville :

Aubins-Viertel, place de l'Université.

Karhtner-Viertel, place Saint-Etienne.

Vicner Viertel, place du Bourg.

Schottens-Viertel, à la Cour.

Lorsque l'appel d'assemblée se fera, on sonnera deux fois de la trompette à chaque place d'assemblée.

La bourgeoisie se rendra à son poste, en prenant les armes, et y attendra de nouveaux ordres.

Il est défendu sous des peines très-sévères à toute autre personne que la bourgeoisie armée de paraître sur les places lorsque la trompette sonnera. Celui qui contreviendra à cette défense sera arrêté par les patrouilles et livré à la police.

On a, au reste, pris des mesures pour que les citoyens pauvres et malades qui n'ont pas les moyens d'existence soient reçus dans l'hôpital civil, pour y être soignés jusqu'à leur parfait rétablissement.

Braves habitants de Vienne, vous ne méconnaîtrez pas la sagesse des mesures que le bien de la patrie exige.

Le magistrat concourra à leur exécution avec les sentiments qui l'ont toujours animé et que vous lui connaissez. Nous attendons tout des habitants de cette résidence qui se sont distingués dans toutes les circonstances.

A Vienne, le 10 novembre.

Le vice-bourguemaître.

PUBLICATION.

Sa Majesté Impériale qui, d'après la promesse qu'elle en avait faite aux respectables Etats de Hongrie, a daigné clore elle-même la diète, a été empêchée par les circonstances intervenues depuis, de retourner à Vienne avant d'aller à Brünn, où elle s'était antérieurement déterminée de se rendre. Mais en attendant il serait possible que les troupes impériales françaises entrassent dans Vienne : l'expérience a prouvé qu'elles observent une discipline sévère, et qu'elles allégeront les horreurs de la guerre, le plus qu'il sera possible. Par contre l'on exige que le peuple se tienne en repos, qu'il se tienne dans l'ordre, et qu'il se conduise décemment. Jé le recommande à un chacun ; et bien loin que Sa Majesté notre souverain, trouvât agréable un zèle déplacé qui pourrait compromettre la vie et les propriétés des citoyens, elle punirait sévèrement le moindre désordre, vu qu'elle n'a renoncé à la défense de sa résidence, que par une sollicitude gracieuse pour les habitants.

Vienne, le 11 novembre 1805.

RODOLPHE, *comte de Wrbna*,
commissaire de la cour.

XXIIIe BULLETIN.

Du château de Schoenbrunn, le 23 brumaire an 14 (14 novembre 1805).

Au combat de Diernstein (1), où quatre mille français, attaqués, dans la journée du 20, par vingt-cinq à trente mille russes, ont gardé leur position, tué à l'ennemi trois à quatre mille hommes, enlevé des drapeaux et fait treize cents prisonniers, les 4e et 9e régiments d'infanterie légère et les 100e et 32e régiments d'infanterie de ligne, se sont couverts de gloire. Le général Gazan y a montré beaucoup de valeur et de conduite. Les russes, le lendemain du combat, ont évacué Crems et quitté le Danube, en nous laissant quinze cents de leurs prisonniers dans le plus absolu dénuement. On a trouvé dans leurs ambulances beaucoup d'hommes qui avaient été blessés, et qui étaient morts dans la nuit.

L'intention des russes paraissait être d'attendre à Crems des renforts et de se maintenir sur le Danube.

Le combat de Diernstein a déconcerté leurs projets. Ils ont vu par ce qu'avaient fait quatre mille français, ce qui leur arriverait à forces égales.

Le maréchal Mortier s'est mis à leur poursuite; pendant que d'autres corps d'armée passent le Danube sur le pont de Vienne pour les déborder par la droite, le corps du maréchal Bernadotte est en marche pour les déborder par la gauche.

Hier 22, à dix heures du matin, le prince Murat traversa Vienne. A la pointe du jour, une colonne de

(1) Voyez le 22e Bulletin.

cavalerie s'est portée sur le pont du Danube, et a passé après différents pourparlers avec des généraux autrichiens. Les artificiers ennemis chargés de brûler le pont, l'essayerent plusieurs fois et ne purent y réussir.

Le maréchal Lannes et le général Bertrand, aide-de-camp de l'EMPEREUR, ont passé le pont les premiers. Les troupes ne se sont point arrêtées dans Vienne, et ont continué leur marche pour suivre leur direction.

Le prince Murat a établi son quartier-général dans la maison du duc Albert. Le duc Albert a fait beaucoup de bien à la ville. Plusieurs quartiers manquaient d'eau, il en a fait venir à ses frais et a dépensé des sommes notables pour cet objet.

Ci-joint l'état de l'artillerie et des munitions trouvées dans Vienne. La maison d'Autriche n'a pas d'autre fonderie ni d'autre arsenal que Vienne. Les autrichiens n'ont pas eu le temps d'évacuer au-delà du cinquième ou du quart de leur artillerie et d'un matériel considérable. Nous avons des munitions pour faire quatre campagnes et renouveller quatre fois nos équipages d'artillerie, si nous les perdions. Nous avons aussi des approvisionnements de siége pour armer un grand nombre de places.

L'EMPEREUR s'est établi au palais de Schoenbrunn. Il s'est rendu aujourd'hui à Vienne, à deux heures du matin. Il a passé le reste de la nuit à visiter les avant-postes sur la rive gauche du Danube, ainsi que les positions, et à s'assurer si le service se faisait convenablement. Il était rentré à Schoenbrunn à la petite pointe du jour.

Le temps est devenu très-beau. La journée est une des plus belles de l'hiver, quoique froide. Le commerce et toutes les transactions vont à Vienne comme à l'ordinaire; les habitants sont pleins de confiance et très-tranquilles chez eux. La population de cette ville est de deux cent cinquante mille ames. On ne l'estime pas diminuée de dix mille personnes par l'absence de la cour et des grands seigneurs.

L'Empereur a reçu, à midi, M. de Wrbna, qui se trouve à la tête de l'administration de toute l'Autriche.

Le corps d'armée du maréchal Soult a traversé Vienne aujourd'hui à neuf heures du matin. Celui du maréchal Davoust la traverse en ce moment.

Le général Marmont a eu, à Léoben, différents petits avantages d'avant-postes.

L'armée bavaroise reçoit tout les jours un grand accroissement.

L'Empereur vient de faire à l'électeur de nouveaux présents. Il lui a donné quinze mille fusils pris dans l'arsenal de Vienne, et lui a fait rendre toute l'artillerie que, dans différentes circonstances, l'Autriche avait prise dans les états de Bavière.

La ville de Kuffstein a capitulé entre les mains du colonel Pompeï.

Le général Milhaud a poussé l'ennemi sur la route de Brünn jusqu'à Volkersdorff. Aujourd'hui, à midi, il avait fait six cents prisonniers, et pris un parc de quarante pièces de canon attelées.

Le maréchal Lannes est arrivé, à deux heures après midi, à Stokerau. Il y a trouvé un magasin immense d'habillements, huit mille paires de souliers et de bottines, et du drap pour faire des capottes à toute l'armée.

On a aussi arrêté, sur le Danube, plusieurs bateaux qui descendaient le fleuve, et qui étaient chargés d'artillerie, de cuir et d'effets d'habillements.

Relevé de l'inventaire général des bouches à feu et armes existantes dans ce moment à Vienne, au grand arsénal.

Canons de campagne.

De 3.................................... 2
De 12.................................... 5
De divers calibres et états de différentes nations. 82

Canons de siège en Bronze.

De 12.................................... 70
De 18....................................106
De 24....................................100

Obusiers en bronze.

(Par livre, on veut dire que le boulet en pierre peserait 10 livres.)

De 10 livres.............................. 68
De 12.................................... 2
De 20.................................... 2

Mortiers en bronze.

De 10 livres.............................. 99
De 30.................................... 72
De 60.................................... 50
De 100.................................... 10
De 500.................................... 1
Fusils de nouveau modèle, garnis en cuivre.... 33306
Idem, de vieux modèle, à baguettes cylindriques. 15986
Idem, de remparts, de paysans et de diverses espèces....................................12000
Carabines de hussards ou dragons............23000

Pistolets d'officiers, de hussards et autres...... 23000
Carabines carabinées........................ 2000
Cuirasses en fer............................ 8000
Quantité de canons, de fusils et de carabines, et pièces de recharges et moulures de platines.
Bois de carabines et de pistolets....... 26000
Pelles rondes et quarrées............ 50000
Pioches.......................... 25000
Pierres à fusils ou à pistolets........... 18000000
Plomb.. { en balles divers calibres..... 1700 quint.
{ en saumon................ 426 *idem.*
Fer en barre.................. 1800 quint.
Poudre hors de la ville............. 600000 *id.*
Cartouches confectionnées........... 6000000

Canons de campagne de métal.

D'une livre..............................100
De 3.................................384
De 6.................................290
De 12................................141
De 18................................ 37
De 4................................. 4
De 8................................. 2

Obusiers.

De 7................................. 2
De 10................................ 53
De 6................................. 15
De 8................................. 2

Canons de fer.

De 6................................. 2
De 12................................ 1

Mortiers.

De 6......................145 de nouveau modèle,
De 6...................... 96 de vieux modèle.
Effets de différents calibres................ 550
Bombes de différents calibres...............160,000
Obus de différents calibres................ 52,000
Boulets de différents calibres..............600,000

Etat des pièces de canon qui étaient parquées sur la rive gauche.

80 pièces de canon.
200 caissons de différents calibres.
Les pièces et caissons chargés, approvisionnés et prêts à partir.

ÉTAT-MAJOR-GÉNÉRAL.

Au quartier-général impérial, à Vienne, le 23 brumaire an 14.

ORDRE DU JOUR.

L'EMPEREUR témoigne sa satisfaction au 4e régiment d'infanterie légère, au 100e de ligne, au 9e d'infanterie légère, au 32e de ligne, pour l'intrépidité qu'ils ont montrée au combat de Dierstein, où leur fermeté à conserver la position qu'ils occupaient a forcé l'ennemi à quitter celle qu'il avait sur le Danube.

Sa Majesté témoigne sa satisfaction au 17e régiment de ligne et au 30e qui, au combat de Lambach, ont tenu tête à l'arrière-garde russe, l'ont entamée et lui ont fait quatre cents prisonniers.

L'EMPEREUR témoigne également sa satisfaction aux grenadiers d'Oudinot qui, au combat d'Amstetten, ont repoussé de ses belles et formidables positions les corps russes et autrichiens, et ont fait quinze cents prisonniers, dont six cents russes.

Sa Majesté est satisfaite des 1er, 16e et 22e régiments de chasseurs, 9e et 10e régiments de hussards, pour leur bonne conduite dans toutes les charges qui ont eu lieu depuis l'Inn jusqu'aux portes de Vienne, et pour les huit cents prisonniers russes faits à Stein.

Le prince Murat, le maréchal Lannes, la réserve de cavalerie avec leurs corps d'armée, sont entrés à Vienne le 22, se sont emparés le même jour du pont sur le Danube, ont empêché qu'il ne fût brûlé, l'ont passé sur-le-champ, et se sont mis à la poursuite de l'armée russe.

Nous avons trouvé dans Vienne plus de deux mille pièces de canon; une salle d'arme garnie de cent mille fusils; des munitions de toutes espèces; enfin, de quoi former l'équipage de campagne de trois ou quatre armées.

Le peuple de Vienne a paru voir l'armée avec amitié.

L'EMPEREUR ordonne que l'on porte le plus grand respect aux propriétés, et que l'on ait les plus grands égards pour le peuple de cette capitale, qui a vu avec peine la guerre injuste qu'on a faite, et qui nous témoigne, par sa conduite, autant d'amitié qu'il montre de haine contre les russes, peuple qui, par ses habitudes et ses mœurs barbares, doit inspirer le même sentiment à toutes les nations policées.

Le major-général,
Maréchal BERTHIER.

XXIVe BULLETIN.

Au palais de Schœnbrunn, le 24 brumaire an 14
(15 novembre 1805).

Au combat de Diernstein, le général-major autrichien Smith, qui dirigeait les mouvements des russes, a été tué, ainsi que deux généraux russes. Il paraît que le colonel Wattier n'est pas mort, mais que son cheval ayant été blessé dans une charge, il a été fait prisonnier (1). Cette nouvelle a causé la plus grande satisfaction à l'EMPEREUR, qui fait un cas particulier de cet officier.

Une colonne de quatre mille hommes d'infanterie autrichienne et un régiment de cuirassiers ont traversé nos postes, qui les ont laissé passer, sur un faux bruit de suspension d'armes qui avait été répandu dans notre armée. On reconnaît à cette extrême facilité le caractère du français, qui, brave dans la mêlée, est d'une générosité souvent irréfléchie hors de l'action.

---

(1) Le Moniteur, n° 78, contient une lettre ainsi conçue :

» Laon, 12 frimaire an 14.

» M., Permettez que je rassure, par la voie de votre journal, les » nombreux amis du colonel Wattier, écuyer de S. M. l'EMPEREUR, » que le Bulletin du 22 brumaire avait présumé tué au mémorable » combat de Diernstein, et sur le compte duquel celui du 24 nous » avait laissé de vives inquiétudes, en disant seulement qu'il *parais-* » *sait* qu'il avait été fait prisonnier. Le fait est que mon neveu, par » la chute de son cheval, est resté au pouvoir des ennemis, en » traversant leur ligne à la tête de l'infanterie et de son régiment » de dragons (le 4e). Lui-même vient de nous instruire de son acci- » dent, en se louant des procédés des officiers russes.

» J'ai l'honneur de vous saluer,

» DEVISME, *membre du corps législatif,*
» *et de la Légion d'honneur.* «

Le général Milhaud, commandant l'avant-garde du corps du maréchal Davoust, a pris cent quatre-vingt-onze pièces de canon avec tous les caissons d'approvisionnements et quatre cents hommes. Ainsi la presque totalité de l'artillerie de la monarchie autrichienne est en notre pouvoir.

Le palais de Schœnbrunn, dans lequel l'EMPEREUR est logé, a été bâti par Marie-Thérèse, dont le portrait se trouve dans presque tous les appartements.

Dans le cabinet où travaille l'EMPEREUR, est une statue de marbre qui représente cette souveraine. L'EMPEREUR, en la voyant, a dit que si cette grande reine vivait encore, elle ne se laisserait pas conduire par les intrigues d'une femme telle que madame de Colloredo. Constamment environnée, comme elle le fut toujours, des grands de son pays, elle aurait connu la volonté de son peuple; elle n'aurait pas fait ravager ses provinces par les cosaques et les moscovites; elle n'aurait pas consulté, pour se résoudre à faire la guerre à la France, un courtisan comme ce Cobenzel, qui, trop éclairé sur les intrigues de la cour, craint de désobéir à une femme étrangère, investie du funeste crédit dont elle abuse; un scribe comme ce Collembach; un homme enfin aussi universellement haï que Lamberty: elle n'aurait pas donné le commandement de son armée à des hommes tels que Mack, désignés non par la volonté du souverain, non par la confiance de la nation, mais par l'Angleterre et la Russie. C'est en effet une chose remarquable que cette unanimité d'opinion dans une nation toute entière contre les déterminations de la cour; les citoyens de toutes les classes, tous les hommes éclairés, tous les princes même se sont opposés à la guerre. On dit que le prince Charles, au moment de partir pour l'armée d'Italie, écrivit encore à l'empereur, pour lui représenter l'imprudence de sa résolution, et lui prédire la destruction de la monarchie. L'électeur de Sauzbourg, les archiducs, les grands tinrent le même langage. Tout le continent doit s'affliger de ce que l'empereur d'Allemagne, qui veut le bien, qui voit mieux que ses ministres, et qui, sous beaucoup de rapports, serait un grand prince, ait une telle défiance de lui-même, et vive si constamment isolé : il apprendrait des grands de l'Empire qui l'estiment, à s'apprécier lui-même ; mais aucun d'eux, mais aucun des hommes considérables qui jugent et chérissent les intérêts de la patrie, n'approchent jamais de son intérieur. Cet isolement, dont on accuse l'influence de l'impératrice, est la cause de la haine que la nation a conçue contre cette princesse. Tant que cet ordre de choses subsistera, l'empereur ne connaîtra jamais le vœu de son peuple, et sera toujours le jouet des subalternes que l'Angleterre corrompt, et qui le circonviennent, de peur qu'il ne soit éclairé. Il n'y a qu'une voix à Vienne, comme à Paris : les malheurs du continent sont le funeste ouvrage des anglais.

Toutes les colonnes de l'armée sont en grande marche et se trouvent déjà en Moravie et à plusieurs journées au-delà du Danube. Une patrouille de cavalerie est déjà parvenue jusqu'aux portes de Presbourg, capitale de la Haute-Hongrie. Elle a intercepté le courrier de Venise au moment où il cherchait à entrer dans cette ville. Les dépêches de ce courrier ont appris que l'armée du prince Charles se retire en grande hâte, dans l'espoir d'arriver à temps pour secourir Vienne.

Le général Marmont mande que le corps qui s'était avancé jusqu'à Œdembourg, par la vallée de la Muerh, a évacué cette contrée, après avoir coupé tous les ponts, précaution qui l'a mis à l'abri d'une vive poursuite.

Le nombre des prisonniers que fait l'armée s'accroît à chaque instant.

S. M. a donné audience aujourd'hui à M. le général-major batave Bruce, beau-frère du grand-pensionnaire, venu pour féliciter l'EMPEREUR de la part de LL. HH. PP. les Etats de Hollande.

L'EMPEREUR n'a encore reçu aucune des autorités de Vienne, mais seulement une députation des différents corps de la ville qui, le jour de son arrivée, est venue à sa rencontre à Sigard-Kirschen. Elle était composée du prince de Senzendorf, du prélat de Seidenstettein, du comte de Veterani, du baron de Kees, du bourgmestre de la ville, M. de Wohebben, et du général Bourgeois, du corps du génie.

S. M. les a accueillis avec beaucoup de bonté, et leur a dit qu'ils pouvaient assurer le peuple de Vienne de sa protection.

Le général de division Clarke est nommé gouverneur général de la Haute et de la Basse-Autriche.

Le conseiller-d'état Daru en est nommé intendant-général.

Au palais de Schœnbrunn, le 24 brumaire an 14.

NAPOLÉON, EMPEREUR DES FRANÇAIS et ROI D'ITALIE,
Nous avons décrété et décrétons ce qui suit :

TITRE PREMIER.

Du gouvernement et de l'administration de l'Autriche.

Art. Ier. Il y aura un gouverneur-général et un intendant-général de la province d'Autriche.

II. Il y aura un commandant et un intendant pour chaque cercle, ce qui fera cinq commandants et intendants pour la Haute-Autriche, et quatre pour la Basse-Autriche.

TITRE II.

Du gouverneur et de l'intendant-général.

III. Le gouverneur-général et l'intendant-général résideront à Vienne.

IV. Le gouverneur-général sera chargé de tout ce qui est relatif à la police.

V. L'intendant-général sera chargé de tout ce qui est relatif à l'administration. Les commissaires des guerres et inspecteurs aux revues employés pour les finances et pour les besoins de l'armée, seront sous ses ordres.

VI. La gendarmerie, la troupe du pays qui en tient lieu, les régences, les capitaines des cercles, les bourgmestres, seront sous les ordres du gouverneur et de l'intendant-général.

VII. Le premier soin du gouverneur et de l'intendant-général sera de faire arrêter les traîneurs, et de mettre un terme aux désordres qui ont lieu sur les derrières de l'armée.

VIII. Le gouverneur et l'intendant-général pourront travailler avec nous.

IX. Le général de division Clarke est nommé gouverneur-général de l'Autriche.

X. Le conseiller-d'état Daru est nommé intendant-général.

TITRE III.

Des commandants et intendants des cercles.

XI. Les commandants et intendants de chaque cercle résideront dans le chef-lieu actuel du cercle.

XII. Les commandants des cercles correspondront avec le gouverneur-général, et seront sous ses ordres. Ils correspondront également avec l'état-major-général.

XIII. Les intendants des cercles correspondront avec l'intendant-général et seront sous ses ordres.

TITRE IV.

XIV. Le major-général nous présentera demain les commandants de tous les cercles. Il nous présentera en même-temps les intendants qui seront choisis parmi les inspecteurs ou sous-inspecteurs aux revues.

XV. A mesure que la Styrie, la Carinthie et la Carniole seront occupées, il leur sera donné des commandants et intendants de cercles qui correspondront avec le gouverneur et l'intendant-général de l'Autriche.

Signé NAPOLÉON.

Par l'EMPEREUR,

Le secrétaire-d'état signé, H. B. MARET.

XXVe BULLETIN.

Schœnbrunn, le 25 brumaire an 14 (16 novembre 1805).

LE prince Murat et le corps du maréchal Lannes ont rencontré hier l'armée russe à Hollabrunn. Une charge de cavalerie a eu lieu ; mais l'ennemi a aussitôt abandonné le terrein, en laissant cent voitures d'équipages attelées.

L'ennemi ayant été joint, et les dispositions d'attaques étant faites, un parlementaire autrichien s'est avancé et a demandé qu'il fût permis aux troupes de l'empereur d'Allemagne de se séparer des russes. Sa demande lui a été accordée.

Peu de temps après, M. le baron de Wintzingerode, aide-de-camp général de S. M. l'empereur de toutes les Russies, s'est présenté aux avant-postes, et a demandé à capituler pour l'armée russe. Le prince Murat a cru devoir y consentir ; mais l'EMPEREUR n'a pas pu approuver cette capitulation. Il part au moment même pour se rendre aux avant-postes.

L'Empereur n'a pas pu donner son approbation, parce que cette capitulation est une espèce de traité, et que M. de Wintzingerode n'a pas justifié des pouvoirs de l'empereur de Russie. Cependant S. M., tout en faisant marcher son armée, a déclaré que l'empereur Alexandre se trouvant dans le voisinage, si ce prince ratifie la convention, elle est prête à la ratifier également.

Le général Vialannes, commandant la cavalerie du maréchal Davoust, est entré à Presbourg. M. le général comte de Palffy a écrit une lettre à laquelle le maréchal Davoust a répondu : les deux lettres sont ci-jointes.

Un corps de trois mille autrichiens s'était retranché dans la position de Waldermünchen, au débouché de la Bohême. Le général Baraguay-d'Hilliers, à la tête de trois bataillons de dragons à pied, a marché contre ce corps, qui s'est hâté d'abandonner sa position.

Le général Baraguay-d'Hilliers était le 18 à Treinitz en Bohême ; il espérait entamer ce corps.

Le maréchal Ney avait eu la mission de s'emparer du Tyrol : il s'en est acquitté avec son intelligence et son intrépidité accoutumées. Il a fait tourner les forts de Ssharnitz et de Neustark, et s'en est emparé de vive force. Il a pris dans cette affaire dix-huit cents hommes, un drapeau et seize pièces de canon de campagne attelées.

Le 16, à cinq heures après midi, il a fait son entrée à Inspruck ; il a trouvé un arsénal rempli d'une artillerie considérable, seize mille fusils et une immense quantité de poudre. Le même jour il est entré à Hall, où il a aussi pris de très-grands et très-riches magasins, dont on n'a pas encore l'inventaire. L'archiduc Jean, qui commandait en Tyrol, s'est échappé par Luchsthal. Il a chargé un colonel de remettre tous les magasins aux Français, et de recommander à leur générosité douze cents malades qui sont à Inspruck.

A tous ces trophées de gloire, est venu se joindre une scène qui a touché l'ame de tous les soldats. Pendant la guerre dernière, le 76e régiment de ligne avait perdu deux drapeaux dans les Grisons ; cette perte était depuis long-temps, pour ce corps, le motif d'une affliction profonde. Ces braves savaient que l'Europe n'avait point oublié leur malheur, quoiqu'on ne pût en accuser leur courage. Ces drapeaux, sujets d'un si noble regret, se sont trouvés dans l'arsenal d'Inspruck ; un officier les a reconnus ; tous les soldats sont accourus aussitôt. Lorsque le maréchal Ney les leur a fait rendre avec pompe, des larmes coulaient des yeux de tous les vieux soldats. Les jeunes conscrits étaient fiers d'avoir servi à reprendre ces enseignes enlevées à leurs aînés par les vicissitudes de la guerre. L'EMPEREUR a ordonné que cette scène touchante soit consacrée par un tableau. Le soldat français a pour ses drapeaux un sentiment qui tient de la tendresse. Ils sont l'objet de son culte, comme un présent reçu des mains d'une maîtresse.

Le général Klein a fait une incursion en Bohême, avec sa division de dragons. Il a vu partout les russes en horreur : les dévastations qu'ils commettent font frémir. L'irruption de ces barbares appelés par le gouvernement lui-même, a presque éteint dans le cœur des sujets de l'Autriche toute affection pour leur prince. » Nous et les Français, disent les Allemands, » nous sommes les fils des Romains ; les Russes sont » les enfants des Tartares. Nous aimons mieux mille » fois voir les Français armés contre nous, que des » alliés tels que les Russes. « A Vienne, le seul nom d'un Russe inspirait la terreur. Ces hordes de sauvages ne se contentent pas de piller pour leur subsistance ; ils enlèvent, ils détruisent tout. Un malheureux paysan, qui ne possède dans sa chaumière que ses vêtements, en est dépouillé par eux. Un homme riche qui occupe un palais, ne peut espérer de les assouvir par ses richesses : ils le dépouillent et le laissent nud sous ses lambris dévastés.

Sans doute, c'est pour la dernière fois que les gouvernements européens appeleront de si funestes secours. S'ils étaient capables de le vouloir encore, ils auraient à payer ces alliés du soulèvement de leur propre nation. D'ici à cent ans, il ne sera, en Autriche, au pouvoir d'aucun prince d'introduire des Russes dans ses Etats. Ce n'est pas qu'il n'y ait dans ces armées un grand nombre d'officiers dont l'éducation a été soignée, dont les mœurs sont douces et l'esprit éclairé. Ce qu'on dit d'une armée s'entend toujours de l'instinct naturel de la masse qui la compose.

Capitulation proposée par l'armée russe.

Il a été convenu entre M. le général de division Belliard, chef de l'état-major-général, et d'après l'autorisation de S. A. S. le prince Murat, grand-amiral, maréchal d'empire et lieutenant de S. M. l'EMPEREUR DES FRANÇAIS et ROI D'ITALIE;

Et M. le baron de Wintzingerode, aide-de-camp général de S. M. l'Empereur de toutes les Russies, d'après son autorisation, et général-major de l'armée :

Il y aura armistice entre le corps d'armée aux ordres de S. A. S. le prince Murat, et l'armée russe commandée par le général en chef comte de Kutuzof, du moment de la signature des présentes conditions.

L'armée russe quittera l'Allemagne et se mettra de suite en marche par la route qu'elle a prise pour s'y rendre, et par journées d'étape. Alors le prince Murat consent à suspendre sa marche sur la Moravie.

Les présentes conditions ne pourront être exécutées qu'après la ratification de S. M. l'EMPEREUR NAPOLÉON ; et, en attendant, l'armée russe et le corps d'armée du prince resteront dans les positions qu'ils occupent maintenant.

Dans le cas de non acceptation de la part de l'EMPEREUR, on se préviendra quatre heures avant de rompre l'armistice.

Fait à Hollabrunn, le 24 brumaire an 14, (15 novembre 1805).

Signé AUG. BELLIARD, *général de division, chef d'état-major-général.*

WINTZINGERODE, *aide-de-camp général.*

Lettre du général comte de Palffy.

Général,

Son altesse royale, l'archiduc palatin, en sa qualité de chef suprême du militaire et du civil en Hongrie, a chargé le soussigné de déclarer que S. A. R. a fait établir le long de la frontière occidentale de ce royaume un cordon de gardes, non militaires, soutenu par de très-petits détachements de cavalerie, composés d'invalides et de recrues, dans la seule vue d'arrêter les maraudeurs de l'armée autrichienne qui pourraient s'y présenter, et qu'ainsi il n'est nullement question d'aucune sorte d'hostilité, lesdits détachements ayant ordre de se retirer dès que les troupes françaises s'approcheront de la frontière.

Ainsi, dans la circonstance où ces faibles détachements, qu'on ne peut regarder uniquement que comme des piquets d'avertissement, se replieront à l'approche de l'armée française, S. A. R. a ordonné d'avance aux maisons des invalides, à celles d'éducation, aux officiers pensionnés, aux individus employés aux bureaux de comptabilité des régiments et aux hôpitaux militaires de rester en place, persuadé que le général ou commandant des troupes françaises ne leur refusera pas les sauve-gardes nécessaires, et qu'il voudra bien donner ses ordres pour que les colonnes et détachements de l'armée française qui entreront en Hongrie n'y commettent aucun excès, attendu qu'aucune sorte d'opposition ne sera faite aux troupes françaises, et qu'en conséquence de cette déclaration, le soussigné aurait plusieurs objets très-intéressants à traiter avec le général ou commandant des troupes françaises.

Il le prie de lui assigner un rendez-vous sur parole, sur un bateau au milieu du Danube.

Il attend en conséquence sa réponse, et a l'honneur d'être son très-humble serviteur,

LÉOPOLD, comte PALFFY,
général-major et commandant à Presbourg.

Presbourg, le. . . .

Réponse du maréchal Davoust au général comte de Palffy.

Monsieur le général,

J'ai mis sous les yeux de S. M. la lettre que vous avez adressée au commandant de ma cavalerie légère. S. M. m'a chargé de faire connaître par votre canal à S. A. R. l'archiduc palatin qu'elle était prête à considérer comme neutre la nation hongroise, à interdire à son armée l'entrée des frontières de Hongrie, si, de son côté, S. A. R. l'archiduc palatin et la nation hongroise voulaient retirer leurs troupes, ne faire aucune insurrection, continuer à approvisionner Vienne, et enfin conclure entre la nation hongroise et S. A. R. l'archiduc palatin et S. M. l'EMPEREUR DES FRANÇAIS, une convention tendante à maintenir l'harmonie entre les deux pays. J'ai l'autorisation de laisser passer tout officier que S. A. R. l'archiduc palatin voudrait envoyer auprès de mon souverain, pour traiter d'après ces bases. Je me trouverai heureux par là de faire une chose agréable à vos compatriotes, et d'asssurer le bien-être et le repos d'une nation si estimable à tant de titres que la nation hongroise.

J'ai l'honneur d'être,

Monsieur le général,

Votre très-humble serviteur,

Le maréchal d'Empire, l'un des colonels-généraux de la garde de S. M. l'EMPEREUR et ROI.

Signé L. DAVOUST.

XXVIe BULLETIN.

Znaim, le 27 brumaire an 14 (18 novembre 1805).

LE prince Murat, instruit que les généraux russes, immédiatement après la signature de la convention, s'étaient mis en marche avec une portion de leur armée sur Znaim, et que tout indiquait que l'autre partie allait la suivre et nous échapper, leur a fait connaître que l'EMPEREUR n'avait pas ratifié la convention, et qu'en conséquence il allait attaquer. En effet, le prince Murat a fait ses dispositions, a marché à l'ennemi, et l'a attaqué le 25 à quatre heures après midi, ce qui a donné lieu au combat de Juntersdorff, dans lequel la partie de l'armée russe, qui formait l'arrière-garde, a été mise en déroute, a perdu douze pièces de canon, cent voitures de bagages, deux mille prisonniers et deux

deux mille hommes restés sur le champ de bataille. Le maréchal Lannes a fait attaquer l'ennemi de front, et, tandis qu'il le faisait tourner par la gauche par la brigade de grenadiers du général Dupas, le maréchal Soult le faisait tourner par la droite par la brigade du général Levasseur de la division Legrand, composée des 3e et 18e régiments de ligne. Le général de division Walther a chargé les Russes avec une brigade de dragons, et a fait trois cents prisonniers.

La brigade de grenadiers du général Laplanche-Mortière s'est distinguée. Sans la nuit, rien n'eût échappé. On s'est battu à l'arme blanche plusieurs fois. Des bataillons de grenadiers russes ont montré de l'intrépidité. Le général Oudinot a été blessé. Ses deux aides-de-camp, chefs d'escadron Demangeot et Lamotte, l'ont été à ses côtés. La blessure du général Oudinot l'empêchera de servir pendant une quinzaine de jours. En attendant, l'Empereur voulant donner une preuve de son estime aux grenadiers, a nommé le général Duroc pour les commander.

L'Empereur a porté son quartier-général à Znaim le 26, à trois heures après midi. L'arrière-garde russe a été obligée de laisser ses hôpitaux à Znaim, où nous avons trouvé des magasins de farine et d'avoine assez considérables. Les Russes se sont retirés sur Brünn, et notre avant-garde les a poursuivis à mi-chemin; mais l'Empereur, instruit que l'empereur d'Autriche y était, a voulu donner une preuve d'égards pour ce prince, et s'est arrêté la journée du 27.

Ci-joint la capitulation du fort de Keufstein, pris par les Bavarois.

Le général Baraguay-d'Hilliers a fait une incursion jusqu'à Pilsein en Bohême, et obligé l'ennemi à évacuer ses positions. Il a pris quelques magasins, et rempli le but de sa mission. Les dragons à pied ont traversé avec rapidité les montagnes couvertes de glace et de sapins qui séparent la Bohême de la Bavière.

On ne se fait pas d'idée de l'horreur que les Russes ont inspiré en Moravie. En faisant leur retraite, ils brûlent les plus beaux villages ; ils assomment les paysans. Aussi les habitants respirent-ils en les voyant s'éloigner. Ils disent : » nos ennemis sont partis «. Ils ne parlent d'eux qu'en se servant du terme de barbares, qui ont apporté chez eux la désolation. Ceci ne s'applique pas aux officiers, qui sont en général bien différents de leurs soldats, et dont plusieurs sont d'un mérite distingué; mais l'armée a un instinct sauvage que nous ne connaissons pas dans nos armées européennes.

Lorsqu'on demande aux habitants de l'Autriche, de la Moravie, de la Bohême, s'ils aiment leur empereur, nous l'aimions, répondent-ils, mais comment voulez-vous que nous l'aimions encore ? il a fait venir les Russes.

A Vienne, le bruit avait couru que les Russes avaient battu l'armée française, et venaient sur Vienne ; une femme a crié dans la rue : » Les Français sont battus, voici les Russes ! « L'alarme a été générale; la crainte et la stupeur ont été dans Vienne. Voilà cependant le résultat des funestes conseils de Cobentzel, de Colloredo et de Lamberti. Aussi ces hommes sont-ils en horreur à la nation ; et l'empereur d'Autriche ne pourra reconquérir la confiance et l'amour de ses sujets qu'en les sacrifiant à la haine publique ; et, un jour plus tôt, un jour plus tard, il faudra bien qu'il le fasse.

Capitulation conclue entre la brigade franco-bavaroise commandée par le général-major comte de Mezzanelly, et la garnison de la forteresse de Kuffstein.

Art. Ier. Demain à dix heures du matin le château de Kuffstein sera remis à la brigade franco-bavaroise : les postes extérieurs et l'entrée du château seront occupés à sept heures par ladite brigade.

Accordé ; mais pour garantie réciproque un capitaine des troupes bavaroises sera envoyé au château, et un capitaine de la garnison se rendra dans la ville.

II. La garnisson de Kuffstein sortira avec tous les honneurs de la guerre et toute son artillerie de campagne, sans néanmoins emporter aucunes munitions.

La garnison de la place sortira avec tous les honneurs de la guerre ; elle conservera les armes à feu et les armes blanches, mais la bayonnette sera mise au côté, et les pierres à feu ne seront point à la batterie. La garnison sortira avec deux pièces de trois et deux fourgons sans munitions.

III. Les propriétés particulières seront respectées, et l'on s'engage à les transporter en toute sûreté jusqu'à l'armée autrichienne.

Accordé pour propriétés appartenant à la garnison. L'on se réserve particulièrement tous les plans et cartes des forts et des environs qui ne seront point enlevés de la place.

IV. La ratification des articles de la capitulation aura lieu aujourd'hui, d'après les lois et ordonnances militaires.

Accordé.

Kuffstein, le 10 novembre 1805.

Signés le chef d'escadron *Caloppin*, le colonel du régiment Preysing *Bierenger*, le major-général et brigadier le comte de *Mezzanelly*, le commandant d'artillerie *J. Witzigmann.*

Signés le major baron de *Donnerberg*, le major du 4e bataillon du régiment de Klebach infanterie, Antoine comte de *Kinski*.

Nous garantissons le contenu de la capitulation ci-dessus sur notre honneur, et avons signé :

Kaiser, capitaine; Antoine comte *Kinski*, major du 4e bataillon; *Jr Dunkel*, lieutenant d'artillerie; *Ujhazzi*, major du génie et capitaine.

Les pièces ci-jointes ont été présentées à S. M. à Schoenbrunn, le vendredi 24 brumaire, dans l'audience accordée au général Bruce, envoyé du grand-pensionnaire de Hollande.

Discours que le général Bruce a prononcé en remettant à S. M. l'Empereur et Roi, *la lettre du grand-pensionnaire.*

Sire,

En remettant à V. M. la lettre dont le grand-pensionnaire, mon beau-frère, m'a fait l'honneur de me charger, je m'estime heureux d'être auprès de V. M. l'interprète des sentiments qu'ont excités en lui les étonnants succès que viennent d'obtenir les armes de V. M. Le grand-pensionnaire m'a particulièrement chargé, Sire, de vous exposer qu'ayant été à même de voir sous ses yeux la politique astucieuse et perfide de l'Angleterre, il a été moins surpris peut-être que personne, de voir que ce gouvernement ne se reposerait pas sans avoir encore une fois soulevé une partie de l'Europe contre V. M. et ses alliés. Avant son départ de Londres, il savait qu'en rompant le traité d'Amiens, une guerre continentale entrait pour beaucoup dans le calcul du ministère britannique. L'expérience a prouvé, Sire, que le grand-pensionnaire ne s'était point trompé dans son attente ; mais il s'est moins trompé encore dans sa conviction que le génie de V. M. saurait se débarrasser des trames ourdies par une tortueuse politique. Le résultat de vos nouveaux exploits, non-seulement justifie, mais surpasse même cette conviction, et V. M. vient encore de donner à l'Europe une preuve éclatante qu'elle sait toujours tromper l'espoir et les projets de ses ennemis, et qu'elle réalise toujours l'espérance de ses alliés.

Le grand-pensionnaire, SIRE, me charge de vous prier d'agréer ses félicitations sur les résultats glorieux de la campagne la plus miraculeuse qui ait jamais signalé les fastes militaires anciens et modernes. Il vous prie d'agréer ses vœux pour qu'une paix prompte et solide, que V. M. donnera à l'Europe, soit le fruit de ses vastes conceptions, et que V. M., après avoir répandu dans le cœur de ses ennemis la terreur de ses armes, fasse connaître à l'Europe qu'elle sait aussi la maintenir en paix.

Il m'a enfin chargé, SIRE, de vous exprimer combien la sollicitude paternelle qui anime V. M. envers sa patrie, le pénètre de la plus parfaite confiance qu'à l'époque de cette paix désirée V. M. réserve à la Batavie des destinées que le peuple le plus loyal et le plus fidèle peut attendre du plus puissant et du plus magnanime allié.

Le général-major et gouverneur de la Haye,

Signé, J. J. BRUCE.

SIRE,

Après tout ce que V. M. avait déjà fait dans la carrière glorieuse qu'elle a parcourue, il paraissait que rien ne devrait plus étonner. Cette idée, SIRE, devait m'être particulièrement propre à moi, qui ai été à même de connaître et d'admirer de si près l'étendue de votre génie ; mais ce que V. M. vient de faire dans la campagne, qui, à peine ouverte, paraît être terminée, est encore un nouveau prodige, par la conception la plus hardie, par la rapidité dans l'emploi des moyens, et par l'éclat du dénouement.

J'éprouve un besoin, Sire, de vous exprimer les sentiments de joie que vos grands exploits ont excités en moi, comme dans ma patrie ; j'y vois de nouveaux garants que V. M. accomplira le rôle de régulateur des destinées des nations, et de bienfaiteur de l'humanité en général et de ses alliés en particulier.

Mon beau-frère le général Bruce est chargé d'avoir l'honneur de remettre cette lettre à V. M. ; il sera l'interprète des sentiments d'admiration, de la plus profonde vénération, et du plus sincère attachement à votre personne, et des vœux que je ne cesse de faire pour que V. M., après avoir forcé ses ennemis à accepter une paix à laquelle V. M. saura imprimer le caractère de la stabilité, jouisse enfin, avec son auguste famille, du doux spectacle du rétablissement du droit des gens opéré par ses grands travaux, de la liberté de la mer, des bénédictions de l'humanité, de l'amour constant de ses peuples, et de la reconnaissance de ses fidèles alliés.

Je prie V. M. d'agréer avec bonté l'hommage de mon profond respect.

Sire,

De V. M. le bien humble serviteur,

Le grand pensionnaire de la république batave.

Signé, R. J. Schimmelpenninck.

La Haye ce 1er novembre.

XXVIIe BULLETIN.

Porlitz, 28 brumaire an 14 (19 novembre 1805).

Depuis le combat de Zuntersdorff, l'ennemi a continué sa retraite avec la plus grande précipitation. Le général Sébastiani, avec sa brigade de dragons, l'a poursuivi l'épée dans les reins. Les immenses plaines de la Moravie ont favorisé sa poursuite. Le 27, à la hauteur de Porlitz, il a coupé la retraite à plusieurs corps, et a fait dans la journée deux mille russes prisonniers de guerre.

Le prince Murat est entré le 27, à trois heures après midi, à Brünn, capitale de la Moravie, toujours suivant l'ennemi.

L'ennemi a évacué la ville et la citadelle, qui est un très-bon ouvrage, capable de soutenir un siége en règle.

L'Empereur a mis son quartier-général à Porlitz.

Le maréchal Soult, avec son corps d'armée, est à Riemschitz.

Le maréchal Lannes est en avant de Porlitz.

Les Moraves ont encore plus de haine pour les russes et d'amitié pour nous que les habitants de l'Autriche. Le pays est superbe et beaucoup plus fertile que l'Autriche. Les Moraves sont étonnés de voir au milieu de leurs immenses plaines les peuples de l'Ukraine, du Kamtschatka, de la Grande-Tartarie, et les Normands, les Gascons, les Bretons, et les Bourguignons en venir aux mains et s'égorger, sans cependant que leur pays ait rien de commun, ou qu'il y ait entr'eux aucun intérêt politique immédiat; et ils ont assez de bon sens pour dire, dans leur mauvais bohémien, que le sang humain est devenu une marchandise dans les mains des anglais. Un gros fermier morave disait dernièrement à un officier français, en parlant de l'Empereur Joseph II, que c'était l'Empereur des paysans, et que, s'il avait continué à vivre, il les aurait affranchis des droits féodaux qu'ils paient aux couvents de religieuses.

Nous avons trouvé a Brünn soixante pièces de canon, trois cents milliers de poudre, une grande quantité de blé et de farine, et des magasins d'habillement très-considérables.

L'Empereur d'Allemagne s'est retiré à Olmütz. Nos postes sont à une marche de cette place.

XXVIIIe BULLETIN.

Brünn, le 30 brumaire an 14 (21 novembre 1805).

L'Empereur est entré à Brünn le 29 à dix heures du matin.

Une députation des Etats de Moravie, à la tête de laquelle se trouvait l'évêque, est venue à sa rencontre. L'Empereur est allé visiter les fortifications et a ordonné qu'on armât la citadelle, dans laquelle on a trouvé plus de six mille fusils, une grande quantité de munitions de guerre de toute espèce, et entr'autres quatre cent milliers de poudre.

Les Russes avaient réuni toute leur cavalerie qui formait un corps d'environ six mille hommes, et voulait défendre la jonction des routes de Brünn et d'Olmutz. Le général Walther les contint toute la journée, et par différentes charges les obligea à abandonner du terrein. Le prince Murat fit marcher la division de cuirassiers du général d'Hautpoult et quatre escadrons de la Garde impériale.

Quoique nos chevaux fussent fatigués, l'ennemi fut chargé et mis en déroute. Il laissa plus de deux cents hommes cuirassiers ou dragons d'élite sur le champ de bataille. Cent chevaux sont restés dans nos mains.

Le maréchal Bessières, commandant la Garde impériale, a fait, à la tête des quatre escadrons de la Garde, une brillante charge qui a dérouté et culbuté l'ennemi. Rien ne contrastait comme le silence de la Garde et des cuirassiers et les hurlements des Russes.

Cette cavalerie russe est bien montée, bien équipée: elle a montré de l'intrépidité et de la résolution; mais les hommes ne paraissent pas savoir se servir de leurs sabres; et, à cet égard, notre cavalerie a un grand avantage. Nous avons eu quelques hommes tués et une soixantaine de blessés, parmi lesquels se trouvent le colonel Durosnel, du 16e de chasseurs, et le colonel Bourdon, du 11e de dragons.

L'ennemi s'est retiré de plusieurs lieues.

XXIXe BULLETIN.

Brünn, le 2 frimaire an 14 (23 novembre 1805).

Le maréchal Ney a fait occuper Brixen, après avoir fait beaucoup de prisonniers à l'ennemi. Il a trouvé dans les hôpitaux un grand nombre de malades et de blessés autrichiens. Le 26 brumaire il s'est emparé de Clauzen et de Botzen.

Le général Jellachick, qui défendait le Voralberg, était coupé.

Le maréchal Bernadotte occupe Iglau. Ses partis sont entrés en Bohême.

Le général Wreden, commandant les Bavarois, a pris une compagnie d'artillerie autrichienne, cent chevaux de troupe, cinquante cuirassiers et plusieurs officiers.

Il s'est emparé d'un magasin considérable d'avoine et autres grains , et d'un grand nombre de chariots attelés, chargés du bagage de plusieurs régiments et officiers autrichiens.

L'adjudant-commandant Maison, a fait prisonniers, sur la route d'Iglau à Brünn, deux cents hommes des dragons de la Tour et des cuirassiers de Hohenlohe. Il a chargé un autre détachement de deux cents hommes, et a fait cent cinquante prisonniers.

Des reconnaissances ont été portées jusqu'à Olmutz. La cour a évacué cette place et s'est retirée en Pologne.

La saison commence à devenir rigoureuse. L'armée française a pris position. Sa tête est appuyée par la place de Brünn, qui est très-bonne, et qu'on s'occupe à armer et à mettre dans le meilleur état de défense.

XXXe BULLETIN.

Austerlitz, le 12 frimaire an 14 (3 décembre 1805).

Le 6 frimaire, l'Empereur, en recevant la communication des pleins-pouvoirs de MM. de Stadion et de Giulay, offrit préalablement un armistice, afin d'épargner le sang, si l'on avait effectivement envie de s'arranger et d'en venir à un accommodement définitif.

Mais il fut facile à l'Empereur de s'appercevoir qu'on avait d'autres projets ; et comme l'espoir du succès ne pouvait venir à l'ennemi que du côté de l'armée russe, il conjectura aisément que les 2e et 3e armées étaient arrivées ou sur le point d'arriver à Olmutz, et que les négociations n'étaient plus qu'une ruse de guerre pour endormir sa vigilance.

Le 7, à neuf heures du matin, une nuée de cosaques, soutenue par la cavalerie russe, fit plier les avant-postes du prince Murat, cerna Vischau et y prit cinquante hommes à pied du 6e régiment de dragons. Dans la journée, l'empereur de Russie se rendit à Vischau, et toute l'armée russe prit position derrière cette ville.

L'EMPEREUR avait envoyé son aide-de-camp, le général Savary, pour complimenter l'empereur de Russie dès qu'il avait su ce prince arrivé à l'armée. Le général Savary revint au moment où l'EMPEREUR faisait la reconnaissance des feux de bivouac ennemis placés à Vischau. Il se loua beaucoup du bon accueil, des graces et des bons sentiments personnels de l'empereur de Russie, et même du grand duc Constantin, qui eut pour lui toute espèce de soins et d'attention; mais il lui fut facile de comprendre par la suite des conversations qu'il eût pendant trois jours avec une trentaine de freluquets, qui, sous différents titres, environnent l'empereur de Russie, que la présomption, l'imprudence et l'inconsidération régneraient dans les décisions du cabinet militaire, comme elles avaient régné dans celles du cabinet politique.

Une armée ainsi conduite, ne pouvait tarder à faire des fautes. Le plan de l'EMPEREUR fut dès ce moment de les attendre et d'épier l'instant d'en profiter. Il donna sur-le-champ l'ordre de retraite à son armée, se retira de nuit comme s'il eût essuyé une défaite, prit une bonne position à trois lieues en arrière, fit travailler avec beaucoup d'ostentation à la fortifier et à y établir des batteries.

Il fit proposer une entrevue à l'empereur de Russie, qui lui envoya son aide-de-camp, le prince Dolgorouki: cet aide-de-camp put remarquer que tout respirait dans la contenance de l'armée française, la réserve et la timidité. Le placement des grandes-gardes, les fortifications que l'on faisait en toute hâte, tout laissait voir à l'officier russe une armée à demi battue.

Contre l'usage de l'EMPEREUR qui ne reçoit jamais avec tant de circonspection les parlementaires à son quartier-général, il se rendit lui-même à ses avant-postes. Après les premiers complimens, l'officier russe voulut entamer des questions politiques. Il tranchait sur tout avec une impertinence difficile à imaginer : il était dans l'ignorance la plus absolue des intérêts de l'Europe, et de la situation du continent. C'était, en un mot, un jeune trompette de l'Angleterre. Il parlait à l'EMPEREUR comme il parle aux officiers russes, que depuis long-temps il indigne par sa hauteur et ses mauvais procédés. L'EMPEREUR contint toute son indignation, et ce jeune homme, qui a pris une véritable influence sur l'empereur Alexandre, retourna plein de l'idée que l'armée française était à la veille de sa perte. On se convaincra de tout ce qu'a dû souffrir l'EMPEREUR, quand on saura que sur la fin de la conversation, il lui proposa de céder la Belgique et de mettre la couronne de fer sur la tête des plus implacables ennemis de la France. Toutes ces différentes démarches remplirent leur effet. Les jeunes têtes qui dirigent les affaires russes se livrèrent sans mesure à leur présomption naturelle. Il n'était plus question de battre l'armée française, mais de la tourner et de la prendre : elle n'avait tant fait que par la lâcheté des Autrichiens. On assure que plusieurs vieux généraux autrichiens qui avaient fait des campagnes contre l'EMPEREUR, prévinrent le conseil que ce n'était pas avec cette confiance qu'il fallait marcher contre une armée qui comptait tant de vieux soldats et d'officiers du premier mérite. Ils disaient qu'ils avaient vu l'EMPEREUR réduit à une poignée de monde, dans les circonstances les plus difficiles, ressaisir la victoire par des opérations rapides et imprévues, et détruire les armées les plus nombreuses ; que cependant ici on n'avait obtenu aucun avantage ; qu'au contraire, toutes les affaires d'arrière-garde de la première armée russe avaient été en faveur de l'armée française ; mais à cela cette jeunesse présomptueuse opposait la bravoure de quatre-vingt mille russes, l'enthousiasme que leur inspirait la présence de leur empereur, le corps d'élite de la garde impériale de Russie, et, ce qu'ils n'osaient probablement pas dire, leur talent dont ils étaient étonnés que les autrichiens voulussent méconnaître la puissance.

Le 10, l'Empereur, du haut de son bivouac, apperçut, avec une indicible joie, l'armée russe commençant, à deux portées de canon de ses avant-postes, un mouvement de flanc pour tourner sa droite. Il vit alors jusqu'à quel point la présomption et l'ignorance de l'art de la guerre avaient égaré les conseils de cette brave armée. Il dit plusieurs fois : » Avant demain au soir, cette armée est à moi. « Cependant le sentiment de l'ennemi était bien différent : il se présentait devant nos grandes gardes à portée de pistolet : il défilait par une marche de flanc sur une ligne de quatre lieues, en prolongeant l'armée française qui paraissait ne pas oser sortir de sa position : il n'avait qu'une crainte, c'était que l'armée française ne lui échappât. On fit tout pour confirmer l'ennemi dans cette idée. Le prince Murat fit avancer un petit corps de cavalerie dans la plaine ; mais tout d'un coup il parut étonné des forces immenses de l'ennemi et rentra à la hâte. Ainsi tout tendait à confirmer le général russe dans l'opération mal calculée qu'il avait arrêtée. L'Empereur fit mettre à l'ordre la proclamation ci-jointe. Le soir, il voulut visiter à pied et incognito tous les bivouacs ; mais à peine eut-il fait quelques pas qu'il fut reconnu. Il serait impossible de peindre l'enthousiasme des soldats en le voyant. Des fanaux de paille furent mis en un instant au haut de milliers de perches, et quatre-vingt mille hommes se présentèrent au-devant de l'EMPEREUR en le saluant par des acclamations ; les uns pour fêter l'anniversaire de son couronnement ; les autres disant que l'armée donnerait le lendemain son bouquet à l'EMPEREUR. Un des plus vieux grenadiers s'approcha de lui et lui dit : » SIRE, » tu n'auras pas besoin de t'exposer. Je te promets, » au nom des grenadiers de l'armée, que tu n'auras » à combattre que des yeux, et que nous t'amènerons » demain les drapeaux et l'artillerie de l'armée russe » pour célébrer l'anniversaire de ton couronnement. «

L'EMPEREUR dit en entrant dans son bivouac, qui consistait en une mauvaise cabane de paille sans toît, que lui avaient faite les grenadiers : » Voilà la plus belle » soirée de ma vie ; mais je regrette de penser que je » perdrai bon nombre de ces braves gens. Je sens au » mal que cela me fait, qu'ils sont véritablement mes » enfants ; et, en vérité, je me reproche quelquefois ce » sentiment ; car je crains qu'il ne finisse par me rendre » inhabile à faire la guerre «. Si l'ennemi eût pu voir ce spectacle, il eût été épouvanté. Mais l'insensé continuait toujours son mouvement, et courait à grands pas à sa perte.

L'EMPEREUR fit sur-le-champ toutes ses dispositions de bataille. Il fit partir le maréchal Davoust en toute hâte, pour se rendre au couvent de Raygern : il devait, avec une de ses divisions, et une division de dragons, y contenir l'aile gauche de l'ennemi, afin qu'au moment donné, elle se trouvât toute enveloppée : il donna le commandement de la gauche au maréchal Lannes, de la droite au maréchal Soult, du centre au maréchal Bernadotte, et de toute la cavalerie, qu'il réunit sur un seul point, au prince Murat. La gauche du maréchal Lannes était appuyée au *Santon*, position superbe que l'EMPEREUR avait fait fortifier, et où il avait fait placer dix-huit pièces de canon. Dès la veille, il avait confié la garde de cette belle position au 17e régiment d'infanterie légère, et certes elle ne pouvait être gardée par de meilleures troupes. La division du général Suchet formait la gauche du maréchal Lannes ; celle du général Caffarelli formait sa droite, qui était appuyée sur la cavalerie du prince Murat. Celle-ci avait devant elle les hussards et chasseurs sous les ordres du général Kellermann, et les divisions de dragons Valther et Beaumont, et en réserve les divisions de cuirassiers des généraux Nansouty et d'Hautpoult, avec vingt-quatre pièces d'artillerie légère.

Le maréchal Bernadotte, c'est-à-dire, le centre, avait à sa gauche la division du général Rivaud, appuyée à la droite du prince Murat, et à sa droite la division du général Drouet.

Le maréchal Soult, qui commandait la droite de l'armée, avait à sa gauche la division du général Vandamme, au centre la division du général Saint-Hilaire, à sa droite la division du général Legrand.

Le maréchal Davoust était détaché sur la droite du général Legrand, qui gardait les débouchés des Etangs et des villages de Sokolnitz et de Selnitz. Il avait avec lui la division Friant et les dragons de la division du général Bourcier. La division du général Gudin devait se mettre de grand matin en marche de Nicolsburg, pour contenir le corps ennemi qui aurait pu déborder la droite.

L'EMPEREUR, avec son fidèle compagnon de guerre le maréchal Berthier, son premier aide-de-camp le colonel-général Junot, et tout son état-major, se trouvait en réserve avec les dix bataillons de sa garde et les dix bataillons de grenadiers du général Oudinot, dont le général Duroc commandait une partie.

Cette réserve était rangée sur deux lignes en colonnes par bataillon, à distance de déploiement, ayant dans les intervalles quarante pièces de canon servies par les canonniers de la garde. C'est avec cette réserve que l'EMPEREUR avait le projet de se précipiter par-tout où il eût été nécessaire. On peut dire que cette réserve seule valait une armée.

A une heure du matin l'EMPEREUR monta à cheval pour parcourir ses postes, reconnaître les feux des bivouacs de l'ennemi, et se faire rendre compte par les grandes gardes de ce qu'elles avaient pu entendre des mouvements des russes. Il apprit qu'ils avaient passé la nuit dans l'ivresse et des cris tumultueux, et qu'un corps d'infanterie russe s'était présenté au village de Sokolnitz occupé par un régiment de la division du général Legrand, qui reçut ordre de le renforcer.

Le 11 frimaire, le jour parut enfin. Le soleil se leva radieux; et cet anniversaire du couronnement de l'EMPEREUR, où allait se passer un des plus beaux faits d'armes du siècle, fut une des plus belles journées de l'automne.

Cette bataille, que les soldats s'obstinent à appeler la journée des Trois-Empereurs, que d'autres appellent la journée de l'Anniversaire, et que l'EMPEREUR a nommée *la bataille d'Austerlitz*, sera à jamais mémorable dans les fastes de la grande nation.

L'EMPEREUR, entouré de tous les maréchaux, attendait pour donner ses derniers ordres, que l'horison fût bien éclairci. Aux premiers rayons du soleil les ordres furent donnés, et chaque maréchal rejoignit son corps au grand galop.

L'EMPEREUR dit en passant sur le front de bandière de plusieurs régiments : » Soldats, il faut finir cette » campagne par un coup de tonnerre qui confonde l'orgueil de nos ennemis; « et aussitôt les chapeaux au

bout

bout des bayonnettes, et des cris de *vive l'*EMPEREUR ! furent le véritable signal du combat. Un instant après, la canonade se fit entendre à l'extrémité de la droite que l'avant-garde ennemie avait déjà débordée ; mais, la rencontre imprévue du maréchal Davoust arrêta l'ennemi tout court, et le combat s'engagea.

Le maréchal Soult s'ébranle au même instant, se dirige sur les hauteurs du village de Pratzen avec les divisions des généraux Vandamme et Saint-Hilaire, et coupe entièrement la droite de l'ennemi, dont tous les mouvements devinrent incertains. Surprise par une marche de flanc pendant qu'elle fuyait, se croyant attaquante et se voyant attaquée, elle se regarde comme à demi battue.

Le prince Murat s'ébranle avec sa cavalerie. La gauche, commandée par le maréchal Lannes, marche en échelons par régiments, comme à l'exercice. Une canonade épouvantable s'engage sur toute la ligne : deux cents pièces de canon et près de deux cent mille hommes faisaient un bruit affreux ; c'était un véritable combat de géants. Il n'y avait pas une heure qu'on se battait, et toute la gauche de l'ennemi était coupée. Sa droite se trouvait déjà arrivée à Austerlitz, quartier-général des deux Empereurs, qui durent faire marcher sur-le-champ la garde de l'Empereur de Russie, pour tâcher de rétablir la communication du centre avec la gauche. Un bataillon du 4e de ligne fut chargé par la garde impériale russe à cheval, et culbuté ; mais l'EMPEREUR n'était pas loin ; il s'apperçut de ce mouvement ; il ordonna au maréchal Bessière de se porter au secours de sa droite avec ses invincibles, et bientôt les deux gardes furent aux mains.

Le succès ne pouvait être douteux : dans un moment, la garde russe fut en déroute. Colonel, artillerie, étendards, tout fut enlevé. Le regiment du grand-duc-

Constantin fut écrasé. Lui-même ne dut son salut qu'à la vîtesse de son cheval.

Des hauteurs d'Austerlitz, les deux Empereurs virent la défaite de toute la garde russe. Au même moment le centre de l'armée, commandé par le maréchal Bernadotte, s'avança; trois de ses régiments soutinrent une très-belle charge de cavalerie. La gauche, commandée par le maréchal Lannes, donna plusieurs fois. Toutes les charges furent victorieuses. La division du général Caffarelly s'est distinguée. Les divisions de cuirassiers se sont emparées des batteries de l'ennemi. A une heure après midi la victoire était décidée; elle n'avait pas été un moment douteuse. Pas un homme de la réserve n'avait été nécessaire et n'avait donné nulle part. La canonade ne se soutenait plus qu'à notre droite. Le corps ennemi, qui avait été cerné et chassé de toutes ses hauteurs, se trouvait dans un bas-fonds et acculé à un lac. L'Empereur s'y porta avec vingt pièces de canon. Ce corps fut chassé de position en position, et l'on vit un spectacle horrible, tel qu'on l'avait vu à Aboukir, vingt mille hommes se jettant dans l'eau et se noyant dans les lacs.

Deux colonnes, chacune de quatre mille russes, mettent bas les armes et se rendent prisonnières; tout le parc ennemi est pris. Les résultats de cette journée sont quarante drapeaux russes, parmi lesquels sont les étendards de la garde impériale; un nombre considérable de prisonniers, l'état-major ne les connaît pas encore tous. On avait déjà la note de vingt mille, douze ou quinze généraux, au moins quinze mille russes tués, restés sur le champ de bataille. Quoiqu'on n'ait pas encore les rapports, on peut, au premier coup-d'œil, évaluer notre perte à huit cents hommes tués et à quinze ou seize cents blessés. Cela n'étonnera pas les militaires, qui savent que ce n'est que dans la déroute qu'on perd des hommes, et nul autre corps que le bataillon du 4e n'a été rompu. Parmi les blessés sont le général Saint-Hilaire, qui, blessé au commencement de l'action, est resté toute la journée sur le champ de bataille : il s'est couvert de gloire ; les généraux de division Kellermann et Walther, les généraux de brigade Valhubert, Thiebaut, Sébastiani, Compan, et Rapp, aide-de-camp de l'EMPEREUR. C'est ce dernier qui, en chargeant à la tête des grenadiers de la garde, a pris le prince Repnin, commandant les chevaliers de la garde impériale de Russie. Quant aux hommes qui se sont distingués, c'est toute l'armée qui s'est couverte de gloire. Elle a constamment chargé aux cris de *vive l'*EMPEREUR, et l'idée de célébrer si glorieusement l'anniversaire du couronnement animait encore le soldat.

L'armée française, quoique nombreuse et belle, était moins nombreuse que l'armée ennemie, qui était forte de cent cinq mille hommes, dont quatre-vingt mille russes et vingt-cinq mille autrichiens. La moitié de cette armée est détruite ; le reste a été mis en déroute complette, et la plus grande partie a jeté ses armes.

Cette journée coûtera des larmes de sang à Saint-Pétersbourg. Puisse-t-elle y faire rejeter avec indignation l'or de l'Angleterre ; et puisse ce jeune prince, que tant de vertus appelaient à être le père de ses sujets, s'arracher à l'influence de ces trente freluquets que l'Angleterre solde avec art, et dont les impertinences obscurcissent ses intentions, lui font perdre l'amour de ses soldats, et le jettent dans les opérations les plus erronées! La nature, en le douant de si grandes qualités, l'avait appelé à être le consolateur de l'Europe. Des conseils perfides, en le rendant l'auxiliaire de l'Angleterre, le placeront dans l'histoire, au rang des hommes qui, en perpétuant la guerre sur le continent, auront consolidé la tyrannie britannique sur les mers et fait le malheur de notre génération. Si la France ne peut arriver à la paix qu'aux conditions que l'aide-de-camp Dolgorouki a proposées à l'EMPEREUR, et que M. de Novozilzof avait été chargé de porter, la Russie ne les obtiendrait pas, quand même son armée seroit campée sur les hauteurs de Montmartre.

Dans une relation plus détaillée de cette bataille, l'état-major fera connaître ce que chaque corps, chaque officier, chaque général ont fait pour illustrer le nom français et donner un témoignage de leur amour à leur EMPEREUR.

Le 12, à la pointe du jour, le prince Jean de Lichtenstein, commandant l'armée autrichienne, est venu trouver l'EMPEREUR à son quartier-général, établi dans une grange. Il en a eu une longue audience. Cependant nous poursuivons nos succès. L'ennemi s'est retiré sur le chemin d'Austerlitz à Godding. Dans cette retraite il prête le flanc ; l'armée française est déjà sur ses derrières et le suit l'épée dans les reins.

Jamais champ de bataille ne fut plus horrible. Du milieu de lacs immenses, on entend encore les cris de milliers d'hommes qu'on ne peut secourir. Il faudra trois jours pour que tous les blessés ennemis soient évacués sur Brünn. Le cœur saigne. Puisse tant de sang versé, puissent tant de malheurs retomber enfin sur les perfides insulaires qui en sont la cause ! Puissent les lâches olygarques de Londres porter la peine de tant de maux !

Au bivouac, le 10 frimaire.

Soldats,

L'armée russe se présente devant vous pour venger l'armée autrichienne d'Ulm. Ce sont ces mêmes bataillons que vous avez battus à Hollabrunn, et que depuis vous avez constamment poursuivis jusqu'ici.

Les positions que nous occupons sont formidables, et pendant qu'ils marcheront pour tourner ma droite, ils me présenteront le flanc.

Soldats, je dirigerai moi-même tous vos bataillons; je me tiendrai loin du feu, si avec votre bravoure accoutumée vous portez le désordre et la confusion dans les rangs ennemis; mais si la victoire était un moment incertaine, vous verriez votre EMPEREUR s'exposer aux premiers coups: car la victoire ne saurait hésiter, dans cette journée sur-tout où il y va de l'honneur de l'infanterie française, qui importe tant à l'honneur de toute la nation.

Que sous prétexte d'emmener les blessés on ne dégarnisse pas les rangs, et que chacun soit bien pénétré de cette pensée, qu'il faut vaincre ces stipendiés de l'Angleterre, qui sont animés d'une si grande haine contre notre nation.

Cette victoire finira notre campagne, et nous pourrons reprendre nos quartiers d'hiver, où nous serons joints par les nouvelles armées qui se forment en France, et alors la paix que je ferai sera digne de mon peuple, de vous et de moi.

Signé NAPOLÉON.

Par ordre,

Le major-général de l'armée,
Marechal BERTHIER.

Austerlitz, le 12 frimaire.

Soldats,

Je suis content de vous ; vous avez, à la journée d'Austerlitz, justifié tout ce que j'attendais de votre intrépidité. Vous avez décoré vos aigles d'une immortelle gloire. Une armée de cent mille hommes, commandée par les Empereurs de Russie et d'Autriche, a été en moins de quatre heures ou coupée ou dispersée ; ce qui a échappé à votre fer, s'est noyé dans les lacs.

Quarante drapeaux, les étendards de la garde impériale de Russie, cent vingt pièces de canon, vingt généraux, plus de trente mille prisonniers, sont le résultat de cette journée à jamais célèbre. Cette infanterie tant vantée et en nombre supérieur, n'a pu résister à votre choc, et désormais vous n'avez plus de rivaux à redouter. Ainsi, en deux mois, cette troisième coalition a été vaincue et dissoute. La paix ne peut plus être éloignée ; mais, comme je l'ai promis à mon peuple, avant de passer le Rhin, je ne ferai qu'une paix qui nous donne des garanties et assure des récompenses à nos alliés.

Soldats, lorsque le peuple français plaça sur ma tête la couronne impériale, je me confiai à vous pour la maintenir toujours dans ce haut éclat de gloire qui seul pouvait lui donner du prix à mes yeux. Mais dans le même moment nos ennemis pensaient à la détruire et à l'avilir ; et cette couronne de fer conquise par le sang de tant de français, ils voulaient m'obliger à la placer sur la tête de nos plus cruels ennemis ; projets téméraires et insensés que le jour même de l'anniversaire du couronnement de votre Empereur, vous avez anéantis et confondus. Vous leur avez appris qu'il est plus facile de nous braver et de nous menacer que de nous vaincre.

Soldats, lorsque tout ce qui est nécessaire pour assurer le bonheur et la prospérité de notre patrie sera accompli, je vous ramenerai en France. Là vous serez l'objet de mes plus tendres sollicitudes. Mon peuple vous reverra avec joie, et il vous suffira de dire : J'étais à la bataille d'Austerlitz, pour que l'on reponde : Voilà un brave !

Signé NAPOLÉON.

Circulaires à MM. les évêques et aux présidents de consistoire.

Austerlitz, le 12 frimaire an 14.

M. l'évêque du diocèse de........................

La victoire éclatante que viennent de remporter nos armes sur les armées combinées d'Autriche et de Russie, commandées par les Empereurs de Russie et d'Autriche, en personne, est une preuve visible de la protection de Dieu, et demande qu'il soit rendu dans toute l'étendue de notre empire de solennelles actions de graces.

Nous espérons que des succès aussi marquants que ceux que nous avons obtenus à la journée d'Austerlitz, porteront enfin nos ennemis à éloigner d'eux les conseils perfides de l'Angleterre, seul moyen qui puisse ramener la paix sur le continent.

Au reçu de la présente vous voudrez donc bien, selon l'usage, chanter un *Te Deum*, auquel notre intention est que toutes les autorités constituées et notre peuple assistent. Cette lettre n'étant pas à une autre fin, nous prions Dieu qu'il vous ait en sa sainte garde.

Signé NAPOLÉON.

Par l'Empereur,

Le ministre secrétaire-d'état, signé H. B. MARET.

XXXe BULLETIN *bis*.

Austerlitz, le 13 frimaire an 14 (4 décembre 1805).

En ce moment arrive au quartier-général la capitulation envoyée par le maréchal Augereau, du corps d'armée autrichienne commandé par le général Jellachich. L'Empereur eût préféré que l'on eût gardé les prisonniers en France, cela eût-il dû occasionner quelques jours de blocus de plus; car l'expérience a prouvé que, renvoyés en Autriche, les soldats servent incontinent après.

Le général Wreden, commandant les Bavarois, a eu différentes affaires en Bohême contre l'archiduc Ferdinand. Il a fait quelques centaines de prisonniers.

Le prince de Rohan, à la tête d'un corps de six mille hommes, qui avait été coupé par le maréchal Ney et par le maréchal Augereau, s'est jetté sur Trente, a passé la gorge de Bonacio, et tenté de pénétrer à Venise. Il a eté battu par le général Saint-Cyr, qui l'a fait prisonnier avec ses six mille hommes. Ci-joint la dépêche du maréchal Massena qui en rend compte au ministre de la guerre.

Capitulation de l'armée autrichienne commandée par le lieutenant-général Jellachich.

Le général de division Maurice Mathieu, grand-officier de la Légion d'honneur, commandant la seconde division du 7e corps de la Grande-Armée, autorisé par M. le maréchal d'empire Augereau, général en chef du 7e corps de la Grande-Armée; et M. le général-major Wolffskel, au service de S. M. I. et R. l'empereur d'Allemagne, autorisé par M. le général Jellachich, commandant en chef le corps d'armée autrichienne dans le Voralberg, sont convenus des articles suivants :

Art. Ier. Le corps d'armée aux ordres de M. le lieutenant-général Jellachich sera prisonnier de guerre sur parole. Ce corps défilera avec tous les honneurs de la guerre. Il mettra bas les armes et sera conduit en Bohême, aux avant-postes de l'armée autrichienne.

II. Les officiers garderont leurs armes, chevaux et bagages.

III. Tous les chevaux de troupes, les armes, toute l'artillerie, toutes les munitions et magasins militaires, tout ce qui n'est pas propriété particulière sera remis à l'armée française.

IV. L'armée française prendra possession de tout le Voralberg, de Feldkirch, Rudentz, et de leur territoire jusqu'à Larlemberg.

V. Les trois bataillons du régiment de Beaulieu sont compris dans la présente capitulation, si le 23 brumaire (14 novembre), à sept heures du soir, ils n'ont pas joint le corps du prince de Rohan, et s'ils sont sur Larlemberg.

VI. Tous les officiers et toutes les troupes du corps d'armée de M. le lieutenant-général Jellachich donneront leur parole d'honneur de ne point servir pendant un an, à compter de la date de la présente capitulation, contre les troupes de S. M. l'Empereur des Français et Roi d'Italie, ou contre ses alliés.

VII. Les malades qui resteront dans les hôpitaux français, seront traités avec tous les égards et tous les soins prescrits par l'humanité, et seront renvoyés après leur guérison, se trouvant compris dans l'art. VI.

VIII. Le corps d'armée autrichienne sera conduit en Bohême par la route de Lindau, Tettuang, Biberach, Gunzbourg, Amberg et Retz; il marchera sur trois colonnes, fera les journées ordinaires de troupes, et sera traité, pour les logements, vivres et fourrages, comme les régiments français.

IX. Les troupes autrichiennes seront pendant leur marche, pour leur police et discipline, sous les ordres de leurs officiers, qui seront responsables de tous les dégâts qui pourraient être commis, et elles seront conduites par une escorte française.

X. Un officier d'état-major d'artillerie et de génie, un inspecteur aux revues et un commissaire des guerres prendront possession des arsenaux et magasins de Feldkirch, demain 24 brumaire (15 novembre) à midi, et il y sera envoyé un bataillon.

XI. Le corps d'armée autrichienne défilera après-demain, 25 brumaire (16 novembre), à huit heures du matin, devant l'armée française, déposera ensuite ses armes, et fera la remise de ses drapeaux.

Fait double à Dornbern, le 23 brumaire an 14 (14 novembre 1805).

Signé le général de division MAURICE MATHIEU.

Le général-major WOLFFSKEL.

Approuvé par moi maréchal d'Empire,

Signé AUGEREAU.

JELLACHICH, F. M. L.

Au quartier-général de Gorizia, le 5 frimaire.

Le général en chef était instruit par divers rapports, spécialément par une lettre du général Vial, ambassadeur de S. M. I. et R. à Berne, qu'un corps de l'armée autrichienne qui se trouvait coupé par suite des manœuvres de la Grande-Armée, devait descendre des montagnes du Tyrol. Il calcula que cette colonne, dans sa situation, chercherait, soit à traverser la ligne de l'armée pour arriver aux lagunes de Venise et se réunir aux troupes qui occupent cette place, soit à opérer par Feltre et Bellune pour se joindre aux débris de l'armée du prince Charles, vers Laybach. Dans la première hypothèse, la position de l'aîle droite qu'il avait laissée pour observer Venise, sous les ordres du lieutenant-général Gouvion Saint-Cyr, lui répondait que les ennemis ne tenteraient pas impunément le passage. Dans la seconde hypothèse, il avait fait occuper les deux Ponteba et la Chiusa di Pletz autrichienne par plusieurs régiments de cavalerie et d'infanterie, sous les ordres des généraux de brigade Lacour et Lenchantin. Quelque direction que prît la colonne ennemie, la situation de l'armée sur l'Isonzo permettait de détacher à temps des forces suffisantes pour la couper, et cependant l'avant-garde ennemie continuait sa marche sur Laybach.

La colonne, forte d'environ sept mille hommes d'infanterie et douze cents chevaux, commandée par le prince de Rohan, est venue, le 2 frimaire, se jetter sur Bassano : elle put aisément enlever le faible détachement de cent cinquante hommes qui formait la garnison, et elle se dirigea sur Castel-Franco. Aussitôt que le lieutenant-général Saint-Cyr en eut avis, il jugea que le but de l'ennemi était en effet de traverser notre ligne, dont sans doute il ne connaissait pas la force, et il fit ses dispositions pour le bien recevoir.

Le général en chef qui avait tout prévu, était tranquille de ce côté; mais pour ne rien donner au hasard des évènements, il prit des mesures pour faire arriver, à marche forcée, sur la Piave la division des grenadiers commandés par le général Partouneaux, deux brigades des divisions Duhesme et Seras, la division des cuirassiers et une brigade de dragons ; les grenadiers devaient remonter la Piave par il Bosco del Montello et tourner la position de Bassano. La division Gardanne, dirigée en même-temps sur Venzone, devait renforcer les détachements envoyés aux deux Ponteba pour couper toute retraite à l'ennemi, dans le cas où il eût déjà pris la route de Bellune et de la Pieva-di-Cadore pour gagner Villach et rejoindre le prince Charles à Laybach.

Le général en chef avait laissé le reste des troupes sur l'Isonzo, sous le commandement du général Duhesme, et se portait lui-même sur la Piave, pour y diriger les mouvements qu'il avait ordonnés. Le lieutenant-général Saint-Cyr manœuvrait pour reconnaître l'ennemi et l'arrêter. Il avait formé une colonne tirée des divisions Regnier, Lecchi et Verdier ; il était lui-même à Campo-Saint-Pietro, avec le régiment polonais commandé par le général Peyri. Le général Regnier, à Novale, avait ordre de marcher le 3 frimaire, à la pointe du jour, sur Castel-Franco. L'ennemi, arrivé de la veille, et sentant la difficulté de sa position, prévint l'attaque : il se jetta violemment sur la division Regnier, qui le reçut avec la plus grande vigueur et l'eut bientôt culbuté ; il revint plusieurs fois à la charge et heurta toujours contre le même écueil.

Pendant ce temps, le lieutenant-général Saint-Cyr fit faire un mouvement au régiment Polonais et tourna l'ennemi ; ce ne fut plus alors qu'une déroute jusqu'à Castel-Franco où nos troupes arrivèrent aussitôt que les Autrichiens. Tout ce qui n'avait pas péri, ou qui n'avait pas été pris sur le champ de bataille, a demandé à capituler. Six mille hommes d'infanterie et mille chevaux sont restés en notre pouvoir. C'est beaucoup plus que nous ne leur avions opposé de combattants effectifs ; mais ils sentirent que, par l'effet nécessaire des dispositions qui les menaçaient de toutes parts, leur perte devenait inévitable. Le général prince de Rohan , commandant ce corps , plusieurs colonels et beaucoup d'officiers sont au rang de nos prisonniers. Six drapeaux et un étendard , douze pièces de canon , leurs caissons et d'immenses bagages sont aussi les résultats de la victoire. Il a été perdu deux étendards dans la mêlée. Nous n'avons à regretter qu'une centaine d'hommes mis hors de combat. Nous avons retrouvé les prisonniers faits sur nous à Bassano. Un corps de Croates qu'on présume avoir fait partie de la colonne , est attendu aux débouchés des montagnes. Il est difficile qu'il nous échappe , d'après les mesures déjà prises pour lui faire partager le même sort.

Le lieutenant-général Gouvion Saint-Cyr a déployé une grande habileté dans les manœuvres. Il donne lui-même de justes éloges à la bravoure et aux talents du général de division Regnier. Il cite avec honneur les chefs des 10e et 56e régiments de ligne , le chef de bataillon Clavel , commandant le bataillon suisse ; les chefs de brigade Grabinsky , et de bataillon Bialowiski et Clopski.

Le général de brigade Lacour est à Vilach ; il pousse ses avant-postes sur Clagenfurth , et touche au moment de communiquer avec la grande armée.

L'avant-garde , aux ordres du général Espagne , fait à chaque pas de nouveaux prisonniers. Les routes d'Idria et de Laybach sont couvertes de chevaux tués , de caissons rompus et de milliers de boulets abandonnés.

XXXIe BULLETIN.

Austerlitz, le 14 frimaire an 14 (5 décembre 1805).

L'EMPEREUR est parti hier d'Austerlitz, et est allé à ses avant-postes près de Saruschitz, et s'est là placé à son bivouac. L'Empereur d'Allemagne n'a pas tardé à arriver. Ces deux monarques ont eu une entrevue qui a duré deux heures. L'Empereur d'Allemagne n'a pas dissimulé, tant de sa part que de la part de l'Empereur de Russie, tout le mépris que leur inspirait la conduite de l'Angleterre. » Ce sont des marchands, » a-t-il répété, qui mettent en feu le continent pour » s'assurer le commerce du monde «.

Ces deux princes sont convenus d'un armistice et des principales conditions de la paix, qui sera négociée et terminée sous peu de jours.

L'Empereur d'Allemagne a fait également connaître à l'EMPEREUR, que l'Empereur de Russie demandait à faire sa paix séparée ; qu'il abandonnait entièrement les affaires de l'Angleterre et n'y prenait plus aucun intérêt.

L'Empereur d'Allemagne répéta plusieurs fois dans la conversation : » Il n'y a point de doute : dans sa querelle avec l'Angleterre, la France a raison «. Il demanda aussi une trève pour les restes de l'armée russe. L'EMPEREUR lui fit observer que l'armée russe était cernée, que pas un homme ne pouvait échapper ; » mais, ajouta-t-il, je désire faire une chose agréable à l'Empereur Alexandre : je laisserai passer l'armée russe, j'arrêterai la marche de mes colonnes ; mais V. M. me promet que l'armée russe retournera en Russie, et évacuera l'Allemagne et la Pologne autrichienne et prussienne «. — » C'est l'intention de l'Empereur Alexandre, a répondu l'Empereur d'Allemagne; je puis vous l'assurer :

d'ailleurs, dans la nuit, vous pourrez vous en convaincre par vos propres officiers. «

On assure que l'EMPEREUR a dit à l'Empereur d'Allemagne, en le faisant approcher du feu de son bivouac : » Je vous reçois dans le seul palais que j'habite depuis deux mois «. L'Empereur d'Allemagne a répondu en riant : » Vous tirez si bon parti de cette habitation, qu'elle doit vous plaire «. C'est du moins ce que l'on croit avoir entendu. La nombreuse suite des deux princes n'était pas assez éloignée pour qu'elle ne pût entendre plusieurs choses.

L'EMPEREUR a accompagné l'Empereur d'Allemagne à sa voiture, et s'est fait présenter les deux princes de Lichtenstein et le général prince de Schwarzenberg. Après cela, il est revenu coucher à Austerlitz.

On recueille tous les renseignements pour faire une belle description de la bataille d'Austerlitz. Un grand nombre d'ingénieurs lèvent le plan du champ de bataille. La perte des russes a été immense. Les généraux Kutuzow et Buxowden ont été blessés : dix ou douze généraux ont été tués ; plusieurs aides-de-camp de l'Empereur de Russie et un grand nombre d'officiers de distinction ont été tués. Ce n'est pas cent vingt pièces de canon qu'on a pris, mais cent cinquante. Les colonnes ennemies qui se jettèrent dans les lacs furent favorisées par la glace ; mais la canonade la rompit, et des colonnes entières se noyèrent. Le soir de la journée, et pendant plusieurs heures de la nuit l'EMPEREUR a parcouru le champ de bataille et fait enlever les blessés : spectacle horrible s'il en fut jamais ! L'EMPEREUR, monté sur des chevaux très-vifs, passait avec la rapidité de l'éclair, et rien n'était plus touchant que de voir ces braves gens le reconnaître sur le champ : les uns oubliaient leurs souffrances et disaient : au moins la victoire est-elle bien assurée ?

Les autres : Je souffre depuis huit heures, et depuis le commencement de la bataille je suis abandonné ; mais j'ai bien fait mon devoir. D'autres ; vous devez être content de vos soldats aujourd'hui. A chaque soldat blessé, l'EMPEREUR laissait une garde qui le faisait transporter dans les ambulances. Il est horrible de le dire ; quarante-huit heures après la bataille, il y avait encore un grand nombre de russes qu'on n'avait pu panser. Tous les français le furent avant la nuit. Au lieu de quarante drapeaux, il y en a jusqu'à cette heure quarante-cinq, et l'on trouve encore les débris de plusieurs.

Rien n'égale la gaieté des soldats à leur bivouac. A peine apperçoivent-ils un officier de l'EMPEREUR qu'ils lui crient : l'EMPEREUR a-t-il été content de nous ?

En passant devant le 28e de ligne, qui a beaucoup de conscrits du Calvados et de la Seine-Inférieure, l'EMPEREUR lui dit : J'espère que les normands se distingueront aujourd'hui. Ils ont tenu parole ; les normands se sont distingués. L'EMPEREUR, qui connaît la composition de chaque régiment, a dit à chacun son mot, et ce mot arrivait et parlait au cœur de ceux auxquels il était adressé, et devenait leur mot de ralliement au milieu du feu. Il dit au 57e : souvenez-vous qu'il y a bien des années que je vous ai surnommé le Terrible. Il faudrait nommer tous les régiments de l'armée ; il n'en est aucun qui n'ait fait des prodiges de bravoure et d'intrépidité. C'est là le cas de dire que la mort s'épouvantait et fuyait devant nos rangs, pour s'élancer dans les rangs ennemis ; pas un corps n'a fait un mouvement rétrograde. L'EMPEREUR disait : j'ai livré trente batailles comme celle-ci ; mais je n'en ai vu aucune où la victoire ait été si décidée et les destins si peu balancés. La garde à pied de l'EMPEREUR n'a pu donner ; elle en pleurait de rage. Comme elle demandait

mandait absolument à faire quelque chose : réjouissez-vous de ne rien faire, lui dit l'EMPEREUR, vous devez donner en réserve ; tant mieux si l'on n'a pas besoin de vous aujourd'hui.

Trois colonels de la garde impériale russe sont pris avec le général qui la commandait. Les hussards de cette garde ont fait une charge sur la division Caffarelli. Cette seule charge leur a coûté trois cents hommes qui restèrent sur le champ de bataille. La cavalerie française s'est montrée supérieure et a parfaitement fait. A la fin de la bataille, l'EMPEREUR a envoyé le colonel Dallemagne avec deux escadrons de sa garde en partisans, pour parcourir à volonté les environs du champ de bataille, et ramener les fuyards. Il a pris plusieurs drapeaux, quinze pièces de canon et fait quinze cents prisonniers. La garde regrette beaucoup le colonel des chasseurs à cheval Morland, tué d'un coup de mitraille, en chargeant l'artillerie de la garde impériale russe. Cette artillerie fut prise ; mais ce brave colonel trouva la mort. Nous n'avons eu aucun général tué. Le colonel Mazas, du 14ᵉ de ligne, brave homme, a été tué. Beaucoup de chefs de bataillon ont été blessés. Les voltigeurs ont rivalisé avec les grenadiers. Le 55ᵉ, le 43ᵉ, le 14ᵉ, le 36ᵉ, le 40ᵉ, le 17ᵉ...; mais on n'ose nommer aucun corps : ce serait une injustice pour les autres; ils ont tous fait l'impossible. Il n'y avait pas un officier, pas un général, pas un soldat qui ne fût décidé à vaincre ou à périr.

Il ne faut point taire un trait qui honore l'ennemi : le commandant de l'artillerie de la garde impériale russe venait de perdre ses pièces : il rencontra l'EMPEREUR : Sire, lui dit-il, faites-moi fusiller, je viens de perdre mes pièces. Jeune homme, lui répondit l'EMPEREUR, j'apprécie vos larmes; mais on peut être battu par mon armée, et avoir encore des titres à la gloire.

Nos avant-postes sont arrivés à Olmutz : l'Impératrice et toute sa cour s'en sont sauvés en toute hâte.

Le colonel Corbineau, écuyer de l'EMPEREUR, commandant le 5e régiment de chasseurs, a eu quatre chevaux tués ; au cinquième il a été blessé lui-même, après avoir enlevé un drapeau. Le prince Murat se loue beaucoup des belles manœuvres du général Kellermann, des belles charges des généraux Nansouty et d'Hautpoult, et enfin de tous les généraux, mais il ne sait qui nommer, parce qu'il faudrait les nommer tous.

Les soldats du train ont mérité les éloges de l'armée. L'artillerie a fait un mal épouvantable à l'ennemi. Quand on en a rendu compte à l'EMPEREUR, il a dit : » Ces succès me font plaisir, car je n'oublie pas que c'est dans ce corps que j'ai commencé ma carrière militaire «.

L'aide-de-camp de l'EMPEREUR, le général Savary, avait accompagné l'Empereur d'Allemagne après l'entrevue, pour savoir si l'Empereur de Russie adhérait à la capitulation. Il a trouvé les débris de l'armée russe sans artillerie ni bagages et dans un épouvantable désordre ; il était minuit ; le général Meerfeld avait été repoussé de Godding, par le maréchal Davoust ; l'armée russe était cernée ; pas un homme ne pouvait s'échapper. Le prince Czartorinski introduisit le général Savary près de l'Empereur. Dites à votre maître, lui cria ce prince, que je m'en vais ; qu'il a fait hier des miracles ; que cette journée a accru mon admiration pour lui ; que c'est un prédestiné du ciel ; qu'il faut à mon armée cent anspour égaler la sienne. Mais puis-je me retirer avec sûreté ? Oui, sire, lui dit le général Savary, si V. M. ratifie ce que les deux Empereurs de France et d'Allemagne ont arrêté dans leur entrevue. — Eh ! qu'est-ce ? — Que l'armée de V. M. se retirera chez elle par les journées d'étape qui seront réglées par l'EMPEREUR, et qu'elle évacuera l'Allemagne et la Pologne autrichienne. A cette condition, j'ai l'ordre de l'EMPEREUR de me rendre à nos avant-postes qui vous ont déjà tourné, et d'y donner ses ordres pour protéger votre retraite, l'EMPEREUR voulant respecter l'ami du PREMIER CONSUL. — Quelle garantie faut-il pour cela? — Sire, votre parole. — Je vous la donne. — Cet aide-de-camp partit sur le champ au grand galop, se rendit auprès du maréchal Davoust, auquel il donna l'ordre de cesser tout mouvement et de rester tranquille. Puisse cette générosité de l'EMPEREUR DES FRANÇAIS ne pas être aussitôt oubliée en Russie que le beau procédé de l'EMPEREUR, qui renvoya six mille hommes à l'Empereur Paul, avec tant de grace et de marque d'estime pour lui. Le général Savary avait causé une heure avec l'Empereur de Russie, et l'avait trouvé tel que doit être un homme de cœur et de sens, quelques revers d'ailleurs qu'il ait éprouvés. Ce monarque lui demanda des détails sur la journée. Vous étiez inférieurs à moi, lui dit-il, et cependant vous étiez supérieurs sur tous les points d'attaque. Sire, répondit le général Savary, c'est l'art de la guerre et le fruit de quinze ans de gloire; c'est la quarantième bataille que donne l'EMPEREUR. — Cela est vrai : c'est un grand homme de guerre. Pour moi, c'est la première fois que je vois le feu. Je n'ai jamais eu la prétention de me mesurer avec lui. — Sire, quand vous aurez de l'expérience, vous le surpasserez peut-être. — Je m'en vais donc dans ma capitale. J'étais venu au secours de l'Empereur d'Allemagne; il m'a fait dire qu'il est content; je le suis aussi.

A son entrevue avec l'Empereur d'Allemagne, l'EMPEREUR lui a dit : » M. et madame Colloredo, MM. Paget et Rasumowski ne font qu'un avec votre ministre Cobentzl : voilà les vraies causes de la guerre, et si

I 2

V. M. continue à se livrer à ces intrigants, elle ruinera toutes ses affaires et s'aliénera les cœurs de ses sujets, elle cependant qui a tant de qualités pour être heureuse et aimée « !

Un major autrichien s'étant présenté aux avant-postes, porteur de dépêches de M. Cobentzl, pour M. de Stadion à Vienne, l'Empereur a dit : » Je ne veux rien de commun avec cet homme qui s'est vendu à l'Angleterre pour payer ses dettes, et qui a ruiné son maître et sa nation, en suivant les conseils de sa sœur et de madame Colloredo «.

L'Empereur fait le plus grand cas du prince Jean de Lichtenstein : il a dit plusieurs fois : » Comment, lorsqu'on a des hommes d'aussi grande distinction, laisse-t-on mener ses affaires par des sots et des intrigants ? « Effectivement, le prince de Lichtenstein est un des hommes les plus distingués, non-seulement par ses talents militaires, mais encore par ses qualités et ses connaissances.

On assure que l'Empereur a dit, après sa conférence avec l'Empereur d'Allemagne : » Cet homme me fait faire une faute, car j'aurais pu suivre ma victoire, et prendre toute l'armée russe et autrichienne ; mais enfin quelques larmes de moins seront versées.

XXXIIe BULLETIN.

Austerlitz, le 15 frimaire an 14 (6 décembre 1805).

Le général Friant, à la bataille d'Austerlitz, a eu quatre chevaux tués sous lui. Les colonels Conroux et Demoustier se sont fait remarquer. Les traits de courage sont si nombreux, qu'à mesure que le rapport en est fait à l'Empereur, il dit : » Il me faut toute ma puissance pour récompenser dignement tous ces braves gens «.

Les russes, en combattant, ont l'habitude de mettre leurs havre-sacs bas. Comme toute l'armée russe a été mise en déroute, nos soldats ont pris tous des havre-sacs. On a pris aussi une grande partie de ses bagages, et les soldats y ont trouvé beaucoup d'argent.

Le général Bertrand, qui avait été détaché après la bataille avec un escadron de la garde, a ramassé un grand nombre de prisonniers, dix-neuf pièces de canon et beaucoup de voitures remplies d'effets. Le nombre de pièces de canon prises jusqu'à cette heure, se monte à cent soixante-dix.

L'Empereur a témoigné quelque mécontentement de ce qu'on lui eût envoyé des plénipotentiaires la veille de la bataille, et qu'on eût ainsi prostitué le caractère diplomatique. Cela est digne de M. de Cobentzl, que toute la nation regarde comme un des principaux auteurs de tous ces malheurs.

Le prince Jean de Lichtenstein est venu trouver l'Empereur au château d'Austerlitz. L'Empereur lui a accordé une conférence de plusieurs heures. On remarque que l'Empereur cause volontiers avec cet officier général. Ce prince a conclu, avec le maréchal Berthier, un armistice de la teneur suivante :

M. Talleyrand se rend à Nicolsburg, où les négociations vont s'ouvrir.

Armistice conclu entre LL. MM. II. de France et d'Autriche.

S. M. l'Empereur des Français et S. M. l'Empereur d'Allemagne, voulant arriver à des négociations définitives pour mettre fin à la guerre qui désole les deux Etats, sont convenus au préalable de commencer par un armistice, lequel aura lieu jusqu'à la conclusion de la paix définitive ou jusqu'à la rupture des négociations ; et, dans ce cas, l'armistice ne devra cesser que quinze jours après cette rupture ; et la cessation de l'armistice sera notifiée aux plénipotentiaires des deux puissances et au quartier-général des deux armées.

Les conditions de l'armistice sont :

Art. Ier. La ligne des deux armées sera, en Moravie, le cercle d'Iglau, le cercle de Znaïm, le cercle de Brünn, la partie du cercle d'Olmutz sur la rive droite de la petite rivière de Trezelioska en avant de Prosnitz jusqu'à l'endroit où elle se jette dans la Marck, et la rive droite de la Marck jusqu'à l'embouchure de cette rivière dans le Danube, y compris cependant Presbourg.

Il ne sera mis néanmoins aucune troupe française ni autrichienne dans un rayon de cinq à six lieues autour de Holitch, à la rive droite de la Marck.

La ligne des deux armées comprendra en outre, dans le territoire à occuper par l'armée française, toute la Basse et Haute-Autriche, le Tyrol, l'Etat de Venise, la Carinthie, la Styrie, la Carniole, le comté de Goritz et l'Istrie ; enfin, dans la Bohême, le cercle de Montabor, et tout ce qui est à l'est de la route de Tabor à Lintz.

II. L'armée russe évacuera les Etats d'Autriche, ainsi que la Pologne autrichienne ; savoir : la Moravie et la Hongrie, dans l'espace de quinze jours, et la Gallicie dans l'espace d'un mois. L'ordre de route de l'armée russe sera tracé, afin qu'on sache toujours où elle se trouve, ainsi que pour éviter tout mal-entendu.

III. Il ne sera fait en Hongrie aucune espèce de levée en masse, ni d'insurrections ; et en Bohême, aucune espèce de levée extraordinaire ; aucune armée étrangère ne pourra entrer sur le territoire de la maison d'Autriche.

Des négociateurs se réuniront de part et d'autre à

Nicolsburg, pour procéder directement à l'ouverture des négociations, afin de parvenir à rétablir promptement la paix et la bonne harmonie entre les deux Empereurs.

Fait double entre nous soussignés, le maréchal Berthier, ministre de la guerre, major-général de la grande armée, chargé des pleins-pouvoirs de S. M. l'EMPEREUR DES FRANÇAIS et ROI D'ITALIE; et le prince Jean de Lichtenstein, lieutenant-général, chargé des pleins-pouvoirs de S. M. l'Empereur d'Autriche, roi de Hongrie, etc.

A Austerlitz, le 15 frimaire an 14 (6 décembre 1805).

Signés, maréchal BERTHIER, *et* J. *prince* DE LICHTENSTEIN, *lieutenant-général.*

XXXIIIe BULLETIN.

Austerlitz, le 16 frimaire an 14 (7 décembre 1805).

LE général en chef Buxhowden a été tué, avec un grand nombre d'autres généraux russes dont on ignore les noms. Nos soldats ont ramassé une grande quantité de décorations. Le général russe Kutusow a été blessé, et son beau-fils, jeune homme de grand mérite, a été tué.

On a fait compter les cadavres : il en résulte qu'il y a dix-huit mille russes tués, six cents autrichiens et neuf cents français. Nous avons sept mille blessés russes. Tout compte fait, nous avons trois mille blessés français. Le général Roger Valhubert est mort des suites de ses blessures. Il a écrit à l'EMPEREUR une heure avant de mourir : » J'aurais voulu faire plus pour vous ; » je meurs dans une heure : je ne regrette pas la vie, » puisque j'ai participé à une victoire qui vous assure

» un règne heureux. Quand vous penserez aux braves » qui vous étaient dévoués, pensez à ma mémoire. Il » me suffit de vous dire que j'ai une famille : je n'ai » pas besoin de vous la recommander. «

Les généraux Kellermann, Sébastiani et Thiébaut sont hors de danger.

Les généraux Marisy et Demont sont blessés, mais beaucoup moins grièvement.

On sera, sans doute, bien aise de connaître les différents décrets que l'Empereur a pris successivement en faveur de l'armée; ils sont ci-joints.

Le corps du général Buxhowden, qui était à la gauche, était de vingt-sept mille hommes; pas un n'a rejoint l'armée russe. Il a été plusieurs heures sous la mitraille de quarante pièces de canon, dont une partie servie par l'artillerie de la garde impériale, et sous la fusillade des divisions des généraux Saint-Hilaire et Friant. Le massacre a été horrible; la perte des russes ne peut s'évaluer à moins de quarante-cinq mille hommes, et l'Empereur de russie ne s'en retournera pas chez lui avec plus de vingt-cinq mille hommes.

Puisse cette leçon profiter à ce jeune prince, et lui faire abandonner le conseil qu'a acheté l'Angleterre! Puisse-t-il reprendre le véritable rôle qui convient à son pays et à son caractère, et secouer enfin le joug de ces vils olygarques de Londres! Catherine-la-Grande connaissait bien le génie et les ressources de la Russie, lorsque dans la première coalition elle n'envoya point d'armée, et se contenta de secourir les coalisés par ses conseils et par ses vœux. Mais elle avait l'expérience d'un long règne et du caractère de sa nation. Elle avait réfléchi sur les dangers des coalitions. Cette expérience ne peut être acquise à vingt-quatre ans.

Lorsque Paul, son fils, fit marcher des armées contre

la France, il sentit bientôt que les erreurs les plus courtes sont les meilleures; et après une campagne il retira ses troupes. Si Woronzow, qui est à Londres, n'était pas plus anglais que russe, il faudrait avoir une bien petite idée de ses talents pour supposer qu'il eût pu penser que soixante, quatre-vingt, cent mille russes parviendraient à déshonorer la France, à lui faire subir le joug de l'Angleterre, à lui faire abandonner la Belgique, et à forcer l'EMPEREUR à livrer sa couronne de fer à la race dégénérée des rois de Sardaigne.

Les troupes russes sont braves, mais beaucoup moins braves que les troupes françaises. Leurs généraux sont d'une inexpérience, et les soldats d'une ignorance et d'une pesanteur qui rendent leurs armées, en vérité, peu redoutables. Et d'ailleurs, en supposant des victoires aux russes, il eût fallu dépeupler la Russie pour arriver au but insensé que lui avaient prescrit les olygarques de Londres.

La bataille d'Austerlitz a été donnée sur le tombeau du célébre Kaunitz. Cette circonstance a fait la plus grande impression sur la tête des viennois. A force de prudence et de bonne conduite, et en la maintenant toujours en bonne harmonie avec la France, il avait porté l'Autriche à un haut dégré de prospérité.

Voici les noms des généraux russes faits prisonniers; beaucoup d'autres sont morts sur le champ de bataille. Il y a en outre quatre ou cinq cents officiers, dont vingt majors ou lieutenants-colonels, et plus de cent capitaines.

Prebiszenski,
Wimpfen,
Muller Zakoumsky,
Muller,
Berg,

Selechow,
Strisy,
Szerliakow,
Le prince Repnin,
Le prince Sibersky,
Adrian,
Lagonon,
Salima,
Mezenkow,
Woycikoff.

L'EMPEREUR a mandé à Brünn M. de Talleyrand, qui était à Vienne. Les négociations vont s'ouvrir à Nicolsburg,

M. Maret avait joint à Austerlitz S. M., qui y a signé le travail des ministres et du conseil d'état.

L'EMPEREUR a couché ce soir à Brünn.

Brünn, le 7 frimaire de l'an 14.

NAPOLÉON, EMPEREUR DES FRANÇAIS, ROI D'ITALIE.

Nous avons décrété et décrétons ce qui suit :

Art. Ier. Il sera levé une contribution de cent millions de francs (argent de France) sur l'Autriche, la Moravie, et les autres provinces de la maison d'Autriche, occupées par l'armée française,

II. Cette somme est donnée en gratification à l'armée, conformément à l'état de distribution que nous arrêterons.

III. Le prix de tous les magasins de sel, de tabacs, des fusils, de la poudre et des munitions de guerre qui ne sont pas nécessaires à l'armement de notre armée, et que notre général d'artillerie ne fera point transporter en France, et que nous jugerons devoir être vendues, sera versé dans la caisse de notre armée pour lui être distribué en gratification.

IV. Sur les premiers fonds qui rentreront de cette contribution, ainsi que sur ceux provenant de la contribution de Souabe, il sera payé trois mois de solde en gratification à tout général, officier et soldat qui a été ou sera blessé dans la présente guerre.

V. Notre ministre de la guerre est chargé de l'exécution du présent décret.

Signé NAPOLÉON.

Par l'Empereur,

Le ministre secrétaire-d'état, *signé* H. B. MARET.

De notre camp impérial d'Austerlitz, le 16 frimaire an 14.

NAPOLÉON, EMPEREUR DES FRANÇAIS, ROI D'ITALIE, avons décrété et décrétons ce qui suit :

Art. Ier. Les veuves des généraux morts à la bataille d'Austerlitz jouiront d'une pension de six mille francs leur vie durant; les veuves des colonels et des majors, d'une pension de deux mille quatre cents francs ; les veuves des capitaines, d'une pension de douze cents francs ; les veuves des lieutenants et sous-lieutenants, d'une pension de huit cents francs ; les veuves des soldats, d'une pension de deux cents francs.

II. Notre ministre de la guerre est chargé de l'exécution du présent décret, qui sera mis à l'ordre du jour de l'armée et inséré au Bulletin des lois.

Signé NAPOLÉON.

Par l'Empereur,

Le ministre secrétaire-d'état, *signé* H. B. MARET.

De notre camp impérial d'Austerlitz, le 16 frimaire an 14.

Napoléon, Empereur des Français, Roi d'Italie, avons décrété et décrétons ce qui suit :

Art. Ier. Nous adoptons tous les enfants des généraux, officiers et soldats français morts à la bataille d'Austerlitz.

II. Ils seront tous entretenus et élevés à nos frais, les garçons dans notre palais impérial de Rambouillet, et les filles dans notre palais impérial de Saint-Germain. Les garçons seront ensuite placés, et les filles mariées par nous.

III. Indépendamment de leurs noms de baptême et de famille, ils auront le droit d'y joindre celui de Napoléon. Notre grand-juge fera remplir à cet égard toutes les formalités voulues par le Code civil.

IV. Notre grand-maréchal du palais et notre intendant-général de la couronne sont chargés, chacun en ce qui le concerne, de l'exécution du présent décret, qui sera mis à l'ordre du jour de l'armée et inséré au Bulletin des lois.

Signé Napoléon.

Par l'Empereur,

Le ministre secrétaire-d'état, *signé* H. B. Maret.

XXXIVe BULLETIN.

Brünn, le 19 frimaire an 14 (10 décembre 1805).

L'Empereur a reçu aujourd'hui M. le prince Repnin fait prisonnier à la bataille d'Austerlitz à la tête des chevaliers-gardes, dont il était le colonel. S. M. lui a dit qu'elle ne voulait pas priver l'Empereur Alexandre d'aussi braves gens, et qu'il pouvait réunir tous les prisonniers de la garde impériale russe et retourner avec eux en Russie. S. M. a exprimé le regret que l'Empereur de Russie eût voulu livrer bataille, et a dit que ce monarque, s'il l'avait cru la veille, aurait épargné le sang et l'honneur de son armée.

M. le prince Jean de Lichtenstein est arrivé hier avec de pleins pouvoirs. Les conférences entre lui et M. de Talleyrand sont en pleine activité.

Le premier aide-de-camp Junot, que S. M. avait envoyé auprès de l'Empereur d'Allemagne et de Russie, a vu à Holitz l'Empereur d'Allemagne, qui l'a reçu avec beaucoup de grace et de distinction. Il n'a pu continuer sa mission, parce que l'Empereur Alexandre était parti en poste pour Saint-Pétersbourg, ainsi que le général Kutuzow.

S. M. a reçu à Brünn M. d'Haugwitz, et a paru très-satisfaite de tout ce que lui a dit ce plénipotentiaire, qu'elle a accueilli d'une manière d'autant plus distinguée qu'il s'est toujours défendu de la dépendance de l'Angleterre, et que c'est à ses conseils qu'on doit attribuer la grande considération et la prospérité dont jouit la Prusse. On ne pourrait en dire autant d'un autre ministre qui, né en Hanovre, n'a pas été inaccessible à la pluie d'or. Mais toutes les intrigues ont été et seront impuissantes contre le bon esprit et la haute sagesse du Roi de Prusse. Au reste, la nation française ne dépend de personne, et cent cinquante mille ennemis de plus n'auraient fait autre chose que de rendre la guerre plus longue. La France et la Prusse, dans ces circonstances, ont eu à se louer de M. le duc de Brunswick, de MM. de Mollendorff, de Kuobolsdorff, Lombard, et sur-tout du Roi lui-même.

Les intrigues anglaises ont souvent paru gagner du terrein ; mais, comme, en dernière analyse, on ne pouvait arriver à aucun parti sans aborder de front la question, toutes les intrigues ont échoué devant la volonté du Roi. En vérité, ceux qui les conduisaient abusaient étrangement de sa confiance ; la Prusse peut-elle avoir un ami plus solide et plus désintéressé que la France?

La Russie est la seule puissance en Europe qui puisse faire une guerre de fantaisie : après une bataille perdue ou gagnée, les russes s'en vont : la France, l'Autriche, la Prusse, au contraire, doivent méditer long-temps les résultats de la guerre : une ou deux batailles sont insuffisantes pour en épuiser toutes les chances.

Les paysans de Moravie tuent les russes par-tout où ils les rencontrent isolés. Ils en ont déjà massacré une centaine. L'Empereur des Français a donné des ordres pour que des patrouilles de cavalerie parcourent les campagnes, et empêchent ces excès. Puisque l'armée ennemie se retire, les russes qu'elle laisse après elle sont sous la protection du vainqueur. Il est vrai qu'ils ont commis tant de désordres, tant de brigandages qu'on ne doit pas s'étonner de ces vengeances. Ils maltraitaient les pauvres comme les riches : trois cents coups de bâton leur paraissaient une légère offense. Il n'est point d'attentats qu'ils n'aient commis. Le pillage, l'incendie des villages, le massacre, tels étaient leurs jeux. Ils ont même tué des prêtres jusques sur les autels ! Malheur au souverain qui attirera jamais un tel fléau sur son territoire ! La bataille d'Austerlitz a été une victoire européenne, puisqu'elle a fait tomber le prestige qui semblait s'attacher au nom de ces *barbares*. Ce mot ne peut s'appliquer cependant ni à la cour ni au plus grand nombre des officiers, ni aux habitants des villes qui sont au contraire civilisés jusqu'à la corruption.

XXXVe BULLETIN.

Brünn, le 20 frimaire an 14 (11 décembre 1805).

L'ARMÉE russe s'est mise en marche le 17 frimaire sur trois colonnes, pour retourner en Russie. La première a pris le chemin de Cracovie et Therespol; la seconde celui de Kaschau, Lemberg et Brody, et la troisième celui de Cizrnau, Watrell et Hussiatin. A la tête de la première est parti l'Empereur de Russie, avec son frère le grand-duc Constantin.

Indépendamment de l'artillerie de bataille, un parc entier de cent pièces de canon a été pris aux russes avec tous leurs caissons.

L'EMPEREUR est allé voir ce parc; il a ordonné que toutes les pièces prises fussent transportées en France. Il est sans exemple que, dans une bataille, on ait pris cent cinquante à cent soixante pièces de canon, toutes ayant fait feu et servi dans l'action.

Le chef d'escadron Chaloppin, aide-de-camp du maréchal Bernadotte, a été tué.

Les colonels Lacour, du 5e régiment de dragons, Digeon, du 26e de chasseurs; Bessières, du 11e de chasseurs, frère du maréchal Bessières; Gerard, colonel, aide-de-camp du maréchal Bernadotte; Marès, colonel, aide-de-camp du maréchal Davoust, ont été blessés.

Les chefs de bataillon Perrier, du 36e régiment d'infanterie de ligne; Guye, du 4e de ligne; Schwiter, du 57e de ligne; les chefs d'escadron Grumblot, du 2e régiment de carabiniers; Didelon, du 9e de dragons; Boudichon, du 4e de hussards; le chef de bataillon du génie Abrissot, Rabier et Mobillard, du 55e de ligne;

Proffit, du 43e, et les chefs d'escadron Trévillé, du 26e de chasseurs, et David, du 2e de hussards, ont été blessés.

Les chefs d'escadron des chasseurs à cheval de la garde impériale, Beyermann, Bohn et Thiry, ont été blessés.

Le capitaine Tervé, des chasseurs à cheval de la garde, est mort des suites de ses blessures.

Le capitaine Geist; les lieutenants Bureau, Barbanègre, Guyot, Fournier, Adet, Bayeux et Renno, des chasseurs à cheval de la garde, et les lieutenants Menager et Rollet, des grenadiers à cheval de la garde, ont été blessés.

XXXVIe BULLETIN.

Schœnbrünn, le 23 frimaire an 14 (14 décembre 1805).

Ce sera un recueil d'un grand intérêt que celui des traits de bravoure qui ont illustré la grande armée.

Un carabinier du 10e régiment d'infanterie légère a le bras gauche emporté par un boulet de canon; *Aide-moi*, dit-il à son camarade, *à ôter mon sac, et cours me venger : je n'ai pas besoin d'autres secours.* Il met ensuite son sac sur son bras droit, et marche seul vers l'ambulance.

Le général Thiébaut, dangereusement blessé, était transporté par quatre prisonniers russes; six français blessés l'apperçoivent, chassent les russes et saisissent le brancard, en disant : *C'est à nous seuls qu'appartient l'honneur de porter un général français blessé.*

Le général Valhubert a la cuisse emportée d'un coup de canon; quatre soldats se présentent pour l'enlever : » Souvenez-vous de l'ordre du jour, leur dit-il d'une

» voix

» voix de tonnerre, et serrez vos rangs. Si vous re-» venez vainqueurs, on me relevera après la bataille; » si vous êtes vaincus, je n'attache plus de prix à la » vie. «

Ce général est le seul dont on ait à regretter la perte; tous les autres généraux blessés sont en pleine guérison.

Les bataillons des tirailleurs du Pô et des tirailleurs corses se sont bravement comportés dans la défense du village de Strolitz. Le colonel Franceschi, avec le 8e de hussards, s'est fait remarquer par son courage et sa bonne conduite.

On a fait écouler l'eau du lac sur lequel de nombreux corps russes s'étaient enfuis le jour de la bataille d'Austerlitz, et l'on en a retiré quarante pièces de canon russes, et une grande quantité de cadavres.

L'Empereur est arrivé ici avant-hier 21, à dix heures du soir.

Il a reçu hier la députation des maires de Paris, qui lui ont été présentés par S. A. S. le prince Murat.

Députation des Maires de Paris.

M. Dupont, maire du septième arrondissement, a prononcé le discours suivant :

Discours prononcé par M. Dupont, en présentant à S. M. l'adresse des préfet et maires de Paris.

Sire,

Nous apportons aux pieds de V. M. I. et R., une adresse respectueuse qui contient l'expression de la vive reconnaissance du peuple de Paris et de ses magistrats, pour le don précieux que V. M. I. et R. a daigné leur faire des premiers drapeaux et des premiers canons enlevés à l'ennemi au combat de Wertingen.

Sire, les parisiens ont été heureux d'apprendre que c'était le prince leur gouverneur, ce guerrier magnanime, cher à Paris par ses vertus personnelles, et par l'honneur de vous appartenir, qui avait ouvert si glorieusement la campagne dans cette fameuse journée !.... Mais, Sire, nous essaierions en vain de peindre à V. M. les transports de joie, les cris d'allégresse, l'enthousiasme universel que fit éclater votre bonne ville de Paris, quand elle connut cette lettre immortelle dont V. M. I. et R. honora dans cette occasion ses préfet et maires, et dans laquelle, après leur avoir adressé ces drapeaux et ces canons comme des trophées de la gloire de leur gouverneur, V. M., laissant parler son cœur paternel, a tracé ces paroles : » Et qu'ils soient aussi pour ma bonne ville de Paris un » gage de l'amour que lui porte son souverain «. Ah ! Sire, que ces paroles de V. M. ont été recueillies avec délices ! Elles sont aujourd'hui gravées dans tous les cœurs des parisiens ; elles passeront dans ceux de leurs enfants, et garantissent à V. M. I. et R. l'amour et la fidélité de votre bonne ville de Paris.

Tel était, Sire, l'état de Paris, quand nos concitoyens nous ont envoyés vers vous. Alors la campagne venait de s'ouvrir !..... Et, comment arrive-t-il que déjà les armées combinées de vos ennemis soient détruites ; que ces bandes, réputées invincibles, aient été terrassées sous les propres yeux de leurs monarques ; que leurs places fortes, dans une étendue de plus de trois cents lieues, soient en votre pouvoir ; enfin que ce soit aujourd'hui dans Vienne conquise que les maires de Paris se trouvent accomplir leur mission ?

Votre génie, Sire, pouvait seul créer tant de prodiges !

Sire, placés ici devant V. M. I. et R., qui élève tout ce qui l'approche, qui agrandit toutes les idées ; dans ces lieux que notre présence étonne, mais qui ne peuvent qu'exciter les élans de notre dévouement pour V. M. I. et R., permettez à nos cœurs français et parisiens d'émettre un vœu digne de la grande cité que nous représentons.

Nous supplions V. M. I. et R. d'accorder à la ville de Paris l'honneur de décerner des aigles d'or à ces braves phalanges qui ont conquis ces drapeaux et ces canons qui désormais orneront sa maison commune. Ces enseignes redoutables, que l'ennemi ne rencontrerait jamais qu'avec effroi, seraient à toujours un double monument et de la gloire qu'ont acquise ces corps valeureux, et de l'esprit national qui attache le soldat français à sa patrie et la patrie à ses défenseurs.

Sire, que V. M. I. et R. daigne approuver cette pensée, et ce sera pour nos concitoyens une nouvelle preuve de votre bienveillance, qui est le premier objet de leur ambition.

Pour nous, Sire, que la marche rapide de vos conquêtes a amenés si loin de nos foyers, la mémoire de cette époque nous sera toujours chère ; toujours nous la regarderons comme une époque aussi de gloire pour nous, puisqu'en remplissant la mission honorable qui nous a été confiée, nous avons pu mêler aux hommages de nos concitoyens, les expressions personnelles de notre amour, de nos respects, de notre fidélité pour votre personne auguste; et que les premiers, après une campagne si mémorable, nous avons le bonheur de pouvoir contempler notre monarque.

Qu'il est doux, Sire, pour des français, pour des hommes, en vous voyant couvert de tant de lauriers, de penser que la paix a toujours été le premier vœu de votre cœur; qu'après tant de conquêtes elle est encore le premier prix que vous voulez de vos victoires, et que bientôt nos murs vous reverront, l'olivier à la main, rendre une nouvelle vie au commerce, aux arts, à l'industrie.

Puisse le ciel favoriser de si nobles desseins, bénir et prolonger des jours si précieux! et puisse, pour le bonheur des peuples, V. M. I. et R. être prise pour modèle par tous les rois de la terre!

Les préfet et maires de la ville de Paris à S. M. l'Empereur et Roi.

Sire,

Le don que V. M. vient de faire à sa bonne ville de Paris excite dans toutes les classes de citoyens le plus noble enthousiasme, et la lettre qui l'annonçait inspire à tous les cœurs parisiens la plus vive et la plus respectueuse reconnaissance.

Sire, les vœux de la capitale avaient accompagné V. M. dans sa marche rapide et glorieuse au sein de l'Allemagne, et, comptant d'avance sur vos triomphes, Paris s'attendait bien à recueillir, avec toute la France, le fruit des nouvelles victoires qui doivent consolider à jamais l'indépendance et le bonheur de l'empire : mais, Sire, qui de nous aurait osé penser qu'au milieu même des combats, Paris était plus particulièrement présent à votre ressouvenir; et que, tandis que vos mains victorieuses rassemblaient les premiers trophées de la campagne qui commence, le cœur paternel de V. M. destinait ces trophées à l'illustration de sa capitale, et s'occupait de récompenser par un si noble prix la fidélité de ses habitants?

Sire, la nature même de cette faveur, son objet que V. M. a pris soin d'expliquer avec une bonté si touchante; enfin, les diverses circonstances qui l'accompagnent, la rendent tellement chère et précieuse, qu'il ne serait pas en notre pouvoir d'exprimer tous les sentiments dont elle nous a pénétrés, et V. M. nous pardonnera sans doute de rester aujourd'hui, dans nos remercîments, au-dessous de la bienveillance extraordinaire qui les commande.

Mais, Sire, le bienfait lui-même y suppléera, et ces drapeaux qui vont être appendus aux voûtes de l'hôtel-de-ville, ces canons qui vont en orner la façade, attestant à nos derniers neveux et la gloire du héros régénérateur de l'empire, et l'affection singulière dont il honore sa bonne ville de Paris, publieront en même-temps notre reconnaissance jusques dans la postérité la plus reculée.

Daignez, Sire, recevoir, par l'organe des magistrats que vous avez chargés d'annoncer vos bienveillantes intentions au peuple de Paris, les nouveaux hommages de dévouement, de respect et d'amour de ce peuple sensible, reconnaissant et pour toujours fidèle; daignez également, Sire, agréer les mêmes hommages de la part de ces magistrats qui, pleins des mêmes sentiments que le peuple dont ils sont les organes, osent avec confiance en faire parvenir l'expression jusqu'au pied du trône de V. M.

Nous avons l'honneur d'être avec le plus profond respect,

Sire,

De V. M. I. et R.,

Les très-soumis et très-fidèles sujets, les préfet et maires de votre bonne ville de Paris,

Lecordier, maire du premier arrondissement; *Brière de Mondétour*, maire du deuxième; *J. J. Rousseau*, maire du troisième; *Doulen d'Egligny*, maire du quatrième; *Moreau*, maire du cinquième; *Bricogne*, maire du sixième, *Dupont*, maire du septième; *E. Bénard*, maire du huitième; *Peron*, maire du neuvième; *Ad. Duquesnoi*, maire du dixième; *Carnet de la Bonardière*, maire du onzième, *Collette*, maire du douzième.

Frochot.

S. M. l'Empereur a répondu » qu'il voyait avec plaisir la dépu-
» tation des maires de Paris; que, quoiqu'il les reçût dans le
» palais de Marie-Thérèse, le jour où il se retrouverait au milieu de
» son bon peuple de Paris, serait pour lui un jour de fête; qu'ils
» avaient été à portée de voir les malheurs de la guerre et d'apprendre,
» par le triste spectacle dont leurs regards ont été frappés, que tous
» les français doivent considérer comme salutaire et sacrée la loi de la
» conscription, s'ils ne veulent pas que quelque jour leurs habita-
» tions soient dévastées et le beau territoire de la France livré, ainsi
» que l'Autriche et la Moravie, aux ravages des barbares; que,

» dans leurs rapports avec la bourgeoisie de Vienne, ils ont pu » s'assurer qu'elle-même apprécie la justice de notre cause, et la » funeste influence de l'Angleterre et de quelques hommes corrompus «. Il a ajouté » qu'il veut la paix, mais une paix qui assure le bien-être » du peuple français, dont le bonheur, le commerce et l'industrie » sont constamment entravés par l'insatiable avidité de l'Angleterre «.

S. M. a ensuite fait connaître aux députés qu'elle était dans l'intention de faire hommage à la cathédrale de Paris des drapeaux conquis sur les russes le jour anniversaire de son couronnement, et de leur confier ces trophées pour les porter au cardinal-archevêque.

---

*Lettre de S. M. l'*EMPEREUR et ROI, *à M. le cardinal-archevêque de Paris.*

Mon cousin, nous avons pris quarante-cinq drapeaux sur nos ennemis, le jour de l'anniversaire de notre couronnement, de ce jour où le saint-père, ses cardinaux et tout le clergé de France firent des prières dans le sanctuaire de Notre-Dame, pour la prospérité de notre règne. Nous avons résolu de déposer lesdits drapeaux dans l'église de Notre-Dame, métropole de notre bonne ville de Paris. Nous avons ordonné, en conséquence, qu'ils vous soient adressés, pour la garde en être confiée à votre chapitre métropolitain. Notre intention est que, tous les ans, audit jour, un office solennel soit chanté dans ladite métropole, en mémoire des braves morts pour la patrie dans cette grande journée, lequel office sera suivi d'actions de grace pour la victoire qu'il a plu au Dieu des armées de nous accorder. Cette lettre n'étant pas à une autre fin, nous prions Dieu qu'il vous ait, mon cousin, en sa sainte et digne garde.

De notre palais de Brünn, le 20 frimaire an 14.

Signé, NAPOLÉON.

Par l'Empereur,

Le ministre secrétaire-d'état, Signé H. B. MARET.

XXXVIIe BULLETIN.

Schœnbrünn, le 5 nivôse an 14 (26 décembre 1805).

Voici la position de l'armée aujourd'hui :

Le maréchal Bernadote occupe la Bohême ;

Le maréchal Mortier (1), la Moravie ;

Le maréchal Davoust occupe Presbourg, capitale de la Hongrie ;

---

(1) Nous avons cru devoir faire connaître, page 72, et d'après le Moniteur, n° 78, du 18 frimaire, une délibération des habitants de Cateau-Cambresis, relative à M. le maréchal d'Empire Mortier.

Il convient, selon nous, d'y ajouter l'article suivant qui se trouve également dans le Moniteur, n° 18, du 18 janvier :

» *Cambrai, le 10 janvier.* A la nouvelle du glorieux combat de Dierustein, où M. le maréchal Mortier, à la tête d'un petit nombre de braves, tint tête à toute l'armée de Kutusow, le maire et le conseil municipal de Cambrai délibérèrent de placer le buste du vainqueur, leur compatriote, dans le monument que la ville érige à Fénélon. M. le maréchal Mortier vient d'écrire à ce sujet la lettre suivante au maire de Cambrai « :

Monsieur le maire,

» Je viens de recevoir l'expédition que m'a fait l'honneur de m'adresser le conseil municipal de Cambrai, de sa délibération du 5 frimaire dernier. Les témoignages d'estime de mes compatriotes seront toujours pour moi du plus grand prix, et je les remercie de nouveau des marques qu'ils veulent bien m'en donner ; mais quant au vœu exprimé dans cette délibération, la plus grande preuve que je sollicite, et que j'exige même de leur attachement pour moi, est de n'y donner absolument aucune suite. La gloire du combat de Diernstein appartient à cette poignée de braves que je commandais et dont le courage ne connaît point de bornes lorsqu'il s'agit de donner à notre auguste souverain des preuves de leur dévouement : je n'ai fait, en combattant à leur tête, que remplir mon devoir ; je ne puis ni ne dois prétendre pour cela à des honneurs qui ne me sont point dus. J'insiste fortement, monsieur le maire, pour que

Le maréchal Soult occupe Vienne;

Le maréchal Ney occupe la Carinthie;

Le général Marmont, la Styrie;

Le maréchal Masséna, la Carniole;

Le maréchal Augereau reste en réserve en Souabe.

Le maréchal Masséna, avec l'armée d'Italie, est devenu 8e corps de la grande armée.

Le prince Eugène a le commandement en chef de toutes les troupes qui sont dans le pays de Venise et dans le royaume d'Italie.

Le général Saint-Cyr marche à grande journées sur Naples (1), pour punir la trahison de la reine, et précipiter du trône cette femme criminelle, qui, avec tant d'impudeur, a violé tout ce qui est sacré parmi les hommes. On a voulu intercéder pour elle auprès de l'EMPEREUR; il a répondu : » les hostilités dussent-elles recommencer, et la nation soutenir une guerre de trente ans, une si atroce perfidie ne peut être pardonnée. La reine de Naples a cessé de régner : ce dernier crime a rempli sa destinée; qu'elle aille à Londres augmenter le nombre des intrigants, et former un comité d'encre sympathique avec Drake, Spencer, Smith, Taylor, Wickam : elle pourra y appeler, si elle le juge convenable, le baron d'Armfeld, MM. de Fersen, d'Antraigues et le moine Morus. «

M. de Talleyrand est à Presbourg, où l'on négocie. Les plénipotentiaires de l'Empereur d'Autriche sont le prince Jean de Lichtenstein et le général Giulay.

---

vous avez la complaisance de faire connaître à vos concitoyens mon intention bien formelle à cet égard. Veuillez également être auprès d'eux l'interprète de mes sentiments, et recevoir l'assurance de ma considération distinguée «.

(1) *Voyez* ci-après, page 154, quelques détails relatifs au royaume de Naples.

Le prince Charles a demandé à voir l'EMPEREUR. S. M. aura demain une entrevue avec ce prince, à la maison de chasse de Stamersdorff, à trois lieues de Vienne.

L'EMPEREUR passe aujourd'hui la revue de la division Legrand, près Laxembourg.

L'EMPEREUR ne prend à Vienne aucun divertissement. Il a reçu fort peu de personnes.

Pendant quelques jours le temps a été assez froid : la journée d'aujourd'hui est fort belle.

L'EMPEREUR a fait une grande quantité de promotions dans l'armée et dans la Légion d'honneur ; mais les grades qu'il a à sa disposition peuvent difficilement récompenser tant de braves.

L'électeur de Wurtemberg a envoyé à l'EMPEREUR le grand cordon de l'Ordre de Wurtemberg, avec trois autres qui ont été donnés au sénateur Harville, premier écuyer de l'Impératrice, au maréchal Kellermann et au général Marmont.

L'EMPEREUR a donné le grand cordon de la Légion d'honneur à l'électeur, au prince électoral et au prince Paul, ses fils, et à ses frères les princes Eugêne-Frédéric-Henri et Guillaume-Frédéric-Philippe : il a connu ces deux derniers princes à son passage à Louisbourg, et a été bien aise de leur donner une preuve de l'opinion qu'il a conçue de leur mérite.

Les électeurs de Bavière et Wurtemberg vont prendre le titre de Roi, récompense qu'ils ont méritée par l'attachement et l'amitié qu'ils ont montrés à l'EMPEREUR dans toutes ces circonstances.

L'EMPEREUR a témoigné son mécontentement qu'on eût osé faire, à Mayence, une proclamation signée de son nom, et qu'on a remplie de sottises. Elle est datée d'Olmütz, où l'EMPEREUR n'a jamais été ; et, ce qu'il y a de plus surprenant, c'est qu'elle a été mise à l'ordre du jour de l'armée de Mayence. Quel que soit l'individu qui en est l'auteur, il sera puni selon toute la rigueur des lois. Est-il un plus grand crime dans un Etat civilisé que d'abuser du nom du souverain?

L'Empereur d'Autriche est toujours à Holitsch.

Un grand nombre de blessés sont guéris. L'armée est en meilleur état qu'elle n'a jamais été. Le prince Murat rend compte que sa cavalerie a presque doublé depuis la bataille d'Austerlitz. Tous les chevaux qui par suite des marches forcées étaient restés en route, sont rétablis et ont rejoint leur corps. Plus de deux mille pièces de canon sont évacuées de l'arsenal de Vienne sur la France. L'EMPEREUR a ordonné qu'il y aurait une salle au Musée-Napoléon destinée à recevoir les choses curieuses qui ont été recueillies à Vienne.

Il a fait rendre à la Bavière les canons et les drapeaux qui lui ont été pris en 1740. Les Bavarois faisaient alors cause commune avec la France; mais la France était gouvernée par un prêtre pusillanime.

Les peuples d'Italie ont montré beaucoup d'énergie. L'EMPEREUR a dit plusieurs fois: » pourquoi mes peuples d'Italie ne paraîtraient-ils pas avec gloire sur la scène du monde; ils sont pleins d'esprit et de passions: dès-lors il est facile de leur donner les qualités militaires. « Les canonniers italiens de la garde royale se sont couverts de gloire à la bataille d'Austerlitz, et ont mérité l'estime de tous les vieux canonniers français. La garde royale a toujours marché avec la garde impériale, et a été par-tout digne d'elle.

Venise sera réunie au royaume d'Italie.

Les villes de Bologne et de Brescia sont toujours les premières à se distinguer par leur énergie; aussi l'EMPEREUR, en recevant les adresses de ces villes, a-t-il dit: je sais que les villes de Bologne et de Brescia *sono miei di cuore*.

L'Empereur a fort approuvé les dispositions du prince Louis pour la défense de la Hollande, la bonne position qu'il a prise à Nimègue, et les mesures qu'il a proposées pour garantir la frontière du Nord.

Ici se terminent les Bulletins de la grande armée.

Avant de donner ceux de l'armée d'Italie, nous croyons devoir faire connaître, à la suite du XXXVIIe Bulletin de la grande armée, le traité conclu entre S. M. l'Empereur et Roi et S. M. le Roi des Deux-Siciles, le 21 septembre 1805.

Extrait du Moniteur, n° 51, *du* 21 *brumaire an* 14 (12 *novembre* 1805.)

» S. M. l'Empereur a consenti à retirer ses troupes de l'Etat de Naples. Elles y étaient stationnées en vertu des stipulations du traité de Florence. Les motifs de prudence, de garantie et de sûreté qui avaient déterminé cette mesure, acquéraient sans doute une nouvelle force par la circonstance d'une guerre continentale. Sans doute aussi l'intérêt de la France conseillait de s'assurer, par une conquête utile et facile, d'un royaume qui touche de si près aux Etats de S. M. en Italie. Mais elle n'a pas voulu qu'on pût lui imputer d'avoir mis un obstacle à la paix générale ; elle a suivi les principes de la politique généreuse et modérée qui lui sert de règle dans toutes ses déterminations, et elle a consenti à conclure le traité suivant avec S. M. le roi des Deux-Siciles :

» S. M. le Roi des Deux-Siciles et S. M. l'Empereur des Français et Roi d'Italie, voulant empêcher que les rapports d'amitié qui unissent leurs Etats ne soient compromis par les évènements d'une guerre dont il est dans leur vœu de diminuer les maux, en restreignant, autant qu'il est en eux, le théâtre des hostilités présentes, ont nommé pour ministres plénipotentiaires ; savoir : S. M. le Roi des Deux-Siciles, S. Ex. M. le marquis de Gallo, son ambassadeur à Paris près S. M. l'Empereur des Français, tant en cette qualité qu'en celle de Roi d'Italie ; et S. M. l'Empereur, S. Ex. M. Charles-Maurice Talleyrand, ministre des relations extérieures ; lesquels, après avoir échangé leurs pleins-pouvoirs, sont convenus *sub spe rati*, de ce qui suit :

» Art. Ier. S. M. le Roi des Deux-Siciles promet de rester neutre pendant le cours de la guerre actuelle entre la France, d'une part, et l'Angleterre, l'Autriche, la Russie et toutes les puissances belligérantes, de l'autre part. Elle s'engage à repousser, par la force et par l'emploi de tous les moyens qui sont en son pouvoir, toute atteinte qui serait portée aux droits et aux devoirs de la neutralité.

» II. Par suite de cet engagement, S. M. le Roi des Deux-Siciles ne permettra qu'aucun corps de troupes appartenant à aucune puissance belligérante débarque ou pénètre sur aucune partie de son territoire, et elle s'engage à observer, tant sur terre que sur mer, et dans la police des ports, les principes et les lois de la plus stricte neutralité.

» III. De plus, S. M. s'engage à ne confier le commandement de ses armées et de ses places à aucun officier russe, autrichien ou appartenant à d'autres puissances belligérantes; les émigrés français sont compris dans la même exclusion.

» IV. S. M. le Roi des Deux-Siciles s'engage à ne permettre l'entrée de ses ports à aucune escadre appartenante aux puissances belligérantes.

» V. S. M. l'Empereur des Français, se confiant aux promesses et engagements ci-dessus exprimés, consent à ordonner l'évacuation du royaume de Naples par ses troupes. Cette évacuation sera entièrement terminée un mois après l'échange des ratifications; à cette même époque, les places et postes militaires seront remis aux officiers de S. M. le Roi des Deux-Siciles, dans l'état où ils sont, et il est convenu que, dans l'intervalle du mois employé à ces opérations, l'armée française sera nourrie et traitée comme elle l'a été par le passé.

» S. M. l'Empereur des Français s'engage, de plus, à reconnaître la neutralité du royaume des Deux-Siciles, tant sur terre que sur mer, pendant la durée de la guerre actuelle.

» Les ratifications de la présente convention seront échangées à Naples dans le plus court délai.

» Fait à Paris, le 21 septembre 1805 «.

Le marquis de Gallo. Ch.-Mau. Talleyrand.
(L. S.) (L. S.)

Ratifié à Portici, le 8 octobre 1805.

Signé, Ferdinand.

Et plus bas, Tommaso Ferras.

— Malgré la promesse de neutralité, de la part de S. M. le Roi des Deux-Siciles, contenue dans le traité ci-dessus, une escadre anglo-russe, de douze vaisseaux de guerre et d'un certain nombre de bâtiments de transport, a, le mercredi 20 novembre, opéré un débarquement à Naples.

— Un article, daté de Naples le 26 novembre (5 frimaire), inséré dans le n° 97 du Moniteur, donne les détails suivants :

» L'ordre du destin est irrévocable, et la prudence des hommes ne saurait le changer : c'est vainement que l'EMPEREUR NAPOLEON a voulu garantir la cour de Naples de sa perte. Un traité accordé par ce monarque, avec la plus grande générosité, a été violé avec la plus insigne perfidie. De trois filles de Marie-Thérèse, l'une a perdu la monarchie des *Bourbons* ; l'autre a causé la perte de la maison de Parme ; la troisième vient de perdre Naples. Une reine, furieuse et insensée, une femme méchante et sans mœurs, est le présent le plus funeste que le ciel, dans sa colère, puisse faire à un souverain, à un époux, à une nation.

Lorsqu'un détachement de l'armée anglaise est arrivé ici, la reine est allée au-devant des généraux et les a accueillis avec empressement ; elle a porté l'impudeur jusqu'à jetter à pleines mains le ridicule sur son mari, en disant que s'il ne paraissait point, c'est que le beau temps le retenait à Caserte occupé à chasser le sanglier.

Lorsque les résultats de l'affaire qui a eu lieu entre les anglais et les français devant Cadix, a été connu ici, l'escadre anglaise a pavoisé tous ses vaisseaux et tiré tous ses canons ; les châteaux de Naples ont aussitôt répondu, à ces signes d'allégresse, par des salves réitérées. Enfin la proclamation ci-jointe a été affichée par-tout, et quarante mille napolitains ont reçu l'ordre de se réunir à l'armée anglaise.

On ignore l'effet que ces nouvelles auront produit sur l'esprit de l'EMPEREUR DES FRANÇAIS. On n'ose chercher à pénétrer la détermination qu'il va prendre. Aura-t-il pitié du prince royal, qui a blâmé hautement l'extravagante fureur dont sa mère est animée ? Aura-t-il pitié d'un roi, d'un époux si outrageusement joué par une nouvelle Frédégonde ? Se trouvera-t-il placé trop haut pour que de pareilles insultes puissent l'atteindre ? C'est ce que l'avenir fera connaître.

» *Copie d'une dépêche royale adressée par M. le général Fortoguerri, ministre de la guerre, à MM. les généraux et inspecteurs-generaux de l'armiee napolitaine.*

» Sa Majesté le roi notre maître, etc. etc..

» Voulant accéder à la demande qui lui a été faite par S. M. l'Empereur de toutes les Russies, et au desir que ce prince lui a manifesté de voir les opérations militaires sous la direction de M. de Lascy, général en chef des troupes russes, S. M. a daigné nommer ledit général de Lascy, commandant en chef des troupes combinées, réunies dans le royaume de Naples. «

Au Palais, le 27 novembre 1805.

— Le Moniteur, n° 32, du 1er février 1806, contient la proclamation suivante :

» De mon camp impérial de Schœnbrunn, le 6 nivôse an 14.

» Soldats,

» Depuis dix ans, j'ai tout fait pour sauver le roi de Naples ; il a tout fait pour se perdre.

» Après la bataille de Dego, de Mondovi, de Lody, il ne pouvait m'opposer qu'une faible résistance. Je me fiai aux paroles de ce prince et fus généreux envers lui.

» Lorsque la seconde coalition fut dissoute à Marengo, le Roi de Naples, qui le premier avait commencé cette injuste guerre, abandonné à Lunéville par ses alliés, resta seul et sans défense. Il m'implora ; je lui pardonnai une seconde fois.

» Il y a peu de mois vous etiez aux portes de Naples. J'avais d'assez légitimes raisons, et de suspecter la trahison qui se méditait, et de venger les outrages qui m'avaient été faits. Je fus encore généreux. Je reconnus la neutralité de Naples ; je vous ordonnai d'évacuer ce royaume ; et, pour la troisième fois, la maison de Naples fut raffermie et sauvée.

» Pardonnerons-nous une quatrième fois ? Nous fierons-nous une quatrième fois à une cour sans foi, sans honneur, sans raison ? Non ! non ! La dynastie de Naples a cessé de régner ; son existence est incompatible avec le repos de l'Europe et l'honneur de ma couronne.

» Soldats, marchez, précipitez dans les flots, si tant est qu'ils vous attendent, ces débiles bataillons des tyrans des mers. Montrez au monde de quelle manière nous punissons les parjures. Ne tardez pas à m'apprendre que l'Italie toute entière est soumise à mes lois ou à celles de mes alliés ; que le plus beau pays de la terre est affranchi du joug des hommes les plus perfides ; que la sainteté des traités est vengée, et que les mânes de mes braves soldats égorgés dans les ports de Sicile à leur retour d'Egypte, après avoir échappé aux périls des naufrages, des déserts et de cent combats, sont enfin appaisés.

» Soldats, mon frère marchera à votre tête ; il connaît mes projets ; il est le dépositaire de mon autorité ; il a toute ma confiance ; environnez-le de toute la vôtre «.

NAPOLEON.

Par ordre de l'Empereur.

Le major-général de la Grande-Armée.

ALEX. BERTHIER.

BULLETINS
DE L'ARMÉE D'ITALIE.

1er BULLETIN.

Du 26 vendémiaire an 14 (18 octobre 1805).

A quatre heures du matin, le général en chef a fait attaquer le pont du vieux château de Véronne ; le mur, qui en barrait le milieu, a été renversé par l'effet d'un pétard ; les deux coupures que les autrichiens avaient faites ont été rendues praticables à l'aide de planches et de madriers, et vingt-quatre compagnies de voltigeurs se sont élancées de l'autre côté du fleuve, où elles ont été suivies par la 1re division.

L'ennemi a vivement défendu le passage ; il a été culbuté et chassé de toutes ses positions, après un combat qui a duré jusqu'à six heures du soir. Il a perdu sept pièces de canon et dix-huit caissons.

Nous lui avons fait quatorze à quinze cents prisonniers, et tué ou blessé un nombre d'hommes à-peu-près égal ; il n'a péri de notre côté qu'un petit nombre de combattants.

Nous avons environ trois cents blessés qui le sont peu dangereusement.

Il a été construit sur-le-champ une tête de pont, au pont du vieux château.

Nous ferons connaître les suites de cette heureuse journée.

Lettre du maréchal de l'Empire Masséna, général en chef de l'armée d'Italie, à M. le maréchal de l'Empire Berthier, ministre de la guerre.

Au quartier-général de Alpo, le 26 vendémiaire an 14, à minuit.

J'ai eu l'honneur de vous prévenir, M. le maréchal, qu'après l'expiration du terme convenu avec le prince Charles, je saisirais le moment d'agir avec vigueur. J'ai attaqué ce matin, à quatre heures, le pont du vieux château de Véronne, et j'ai passé l'Adige. Je m'empresse de vous rendre compte du résultat de la journée.

J'avais réuni l'armée à Zevio et dans les environs, de manière à pouvoir me porter par-tout où l'ennemi aurait pu tenter un passage. Cette concentration de troupes inspirait des craintes sur mon véritable projet. Une fausse attaque était ordonnée sur ma droite, et il était aussi ordonné à ma gauche de faire des démonstrations hostiles; mon but était de donner le change à l'ennemi par ces divers mouvements, et le succès a rempli mon attente. La première opération a été de renverser le mur qui barrait le milieu du pont; il s'est écroulé par l'effet d'un artifice hardiment disposé. Les deux coupures que les autrichiens avaient faites ont été rendues praticables à l'aide de planches et de madriers, et sur-le-champ vingt-quatre compagnies de voltigeurs, prises dans les divisions Gardanne et Duhesme, se sont élancées de l'autre côté du fleuve, sous la protection du canon du vieux château: ils ont été bientôt suivis de la première division toute entière, commandée par le général Gardanne. L'ennemi défendait en force le passage, et nous opposait une vive résistance; il a été culbuté et poursuivi jusques sur les hauteurs. Des ren-

forts

forts envoyés par le prince Charles arrivaient de toutes parts ; on s'est battu avec opiniâtreté depuis quatre heures du matin jusqu'à six du soir. Les autrichiens ne nous cédaient du terrein qu'après l'avoir fortement disputé ; nous les avons enfin chassés de toutes les positions, et nous avons détruit leurs retranchements. Sept pièces de canon et dix-huit caissons sont le fruitde cette journée ; nous leur avons fait quatorze à quinze cents prisonniers : ils ont laissé douze cents hommes sur le champ de bataille, et ils ont eu un grand nombre de blessés. De notre côté, il n'a péri que très-peu de combattants ; nous avons trois cents blessés, et l'on ne compte presque pas de blessures dangereuses.

Je dois des éloges particuliers à l'activité et à la conduite courageuse du général Lacombe-Saint-Michel, commandant l'artillerie, et du général Chasseloup, commandant le génie. J'ai eu beaucoup à me louer du général Gardanne qui dirigeait la première division, et du général Duhesme qui a combattu à la tête d'une de ses brigades formant la réserve. Les divers corps présents à l'action, officiers et soldats, se sont généralement bien montrés, et je me propose de vous faire un rapport détaillé à cet égard. Je ne différerai pas cependant à rendre justice au zèle et à la bonne volonté de M. Merges, l'un de vos aides-de-camp, qui n'a pas quitté mes côtés pendant toute l'action.

J'ai fait travailler de suite à une tête de pont ; elle est en ce moment solidement établie. J'aurai soin de vous faire part des suites de cette journée et des avantages que j'espère en retirer. Veuillez présenter à S. M. l'Empereur et Roi ce premier gage de la valeur de son armée d'Italie, et lui renouveller l'assurance respectueuse de notre dévouement à l'exécution de ses desseins.

J'ai l'honneur de vous saluer, MASSENA.

IIe BULLETIN.

Du 7 brumaire an 14 (29 octobre 1805).

Le général en chef a fait attaquer l'ennemi ce matin vers les cinq heures.

Pendant qu'à sa gauche la division du général Seras passait l'Adige à Polo, et qu'à sa droite celle du général Verdier manœuvrait depuis Ronco jusqu'à Albaro, les divisions des généraux Gardanne et Duhesme, se déployant en avant du pont du vieux château de Véronne, attaquèrent les hauteurs du Val-Pantena et tournèrent le château de San-Felice; profitant alors de leur position, le général en chef força les autrichiens à évacuer Véronnette. Les palissades du pont neuf furent aussitôt abattues; la division des chasseurs à cheval aux ordres du général Espagne, celle des grenadiers aux ordres du général Partouneaux, la réserve de cavalerie commandée par le général Monnet, et la division du général Molitor traversèrent Véronnette et se portèrent sur la grande route de Saint-Michel où les autrichiens nous opposèrent de l'infanterie et de la cavalerie protégées par plusieurs pièces de canon : il fut ordonné diverses charges de cavalerie qui furent vivement exécutées et que soutenaient les grenadiers de la division Molitor : dans l'une de ces charges, l'escadron des guides fit mettre bas les armes à cinq cents fantassins; l'ennemi a été culbuté, chassé du village de Saint-Michel et jusqu'au-delà de Saint-Martin. Nous avons pris position à Vago.

Seize cents prisonniers et deux pièces de canon sont le résultat de la journée. Les autrichiens ont laissé beaucoup de monde sur le champ de bataille. Notre perte est de quelques hommes ; nous comptons à-peu-près cent blessés. L'armée va poursuivre ses avantages.

Les divisions, les différents corps ont manœuvré avec précision, et le général en chef se loue de l'ardeur et de l'audace que les troupes ont montrées dans l'attaque : il leur a rendu, auprès de S. M. l'EMPEREUR et ROI, le témoignage qu'elles brûlent du désir d'imiter les exemples de la grande armée, et de mériter d'avoir part aux nobles récompenses que S. M. décerne à leur valeur.

Lettre du maréchal de l'Empire Masséna, général en chef de l'armée d'Italie, à M. le maréchal de l'Empire Berthier, ministre de la guerre.

Au quartier-général de Saint-Martin, le 7 brumaire an 14.

D'après la marche de la grande armée, Monsieur le maréchal, et toujours guidé par l'idée de subordonner mes mouvements aux siens, j'ai fait attaquer l'ennemi ce matin, vers cinq heures. Voici quelles étaient mes dispositions et quel en a été le résultat.

Le général Seras, commandant, à ma gauche, la 5e division, avait ordre de passer l'Adige à Polo. L'objet de son mouvement était d'arrêter les troupes qui pouvaient descendre de la vallée de l'Adige et du val Poliselle.

J'avais ordonné au général Verdier, commandant, à ma droite, la 2e division, de manœuvrer avec les troupes qui la composent et quatre régiments de cavalerie, depuis Ronco jusqu'à Albano, de manière à donner des inquiétudes à l'ennemi.

Au moment arrêté pour l'exécution de ces mouvements, j'ai fait passer, au pont du vieux château de

Véronne, la 1re division, commandée par le général Gardanne, et la 4e, commandée par le général Duhesme. Ces troupes ont attaqué avec vigueur les hauteurs du Val-Pantene, et tourné le château de San Felice. Profitant alors de l'avantage de leur position, j'ai forcé l'ennemi à évacuer Véronnette. Les palissades du pont neuf ont été aussitôt abattues, et la division de chasseurs à cheval aux ordres du général Espagne, celle de grenadiers aux ordres du général Patourneau, la réserve de cavalerie, commandée par le général Monnet, et la 3e division, commandée par le général Molitor, ont traversé Véronnette, et se sont portées sur la grande route de Saint-Michel, où les autrichiens nous ont opposé de l'infanterie et de la cavalerie protégées par plusieurs pièces de canon. J'ai ordonné diverses charges de cavalerie qui ont été vivement exécutées, et que j'ai fait soutenir par des compagnies de grenadiers placées à droite et à gauche de la chaussée : l'ennemi a été culbuté, le village de Saint-Michel emporté, et, dans l'une de ces charges, l'escadron de mes guides a fait mettre bas les armes à cinq cents fantassins. La division Molitor secondant puissamment la marche de nos grenadiers, nous avons chassé devant nous les autrichiens jusqu'au-delà de Saint-Martin, et nous avons enfin pris position à Vago. Je poursuivrai demain matin mes avantages, et je pousserai l'ennemi aussi loin que je le pourrai. Il a laissé beaucoup de monde sur le champ de bataille ; nous lui avons fait environ seize cents prisonniers, et deux pièces de canon sont restées en notre pouvoir. Nous n'avons de notre côté perdu que quelques hommes, et nous ne comptons qu'une centaine de blessés.

J'apprends ce soir que le général Seras a heureusement exécuté son mouvement, et qu'en s'emparant des positions que j'avais indiquées, il a fait un certain nombre de prisonniers.

Je fais descendre vers Persago les barques trouvées à Véronnette, pour effectuer le passage de la division Verdier.

J'aurai soin, Monsieur le maréchal, de vous informer de mes mouvements ultérieurs. Je n'ai que des éloges à donner à l'ardeur et à l'intrépidité de nos troupes. Veuillez leur rendre, auprès de S. M. l'EMPEREUR et ROI, le témoignage qu'elles brûlent d'imiter les exemples de la grande armée, et qu'elles sauront mériter d'avoir part aux nobles récompenses que S. M. sait si bien décerner à la valeur.

J'ai l'honneur de vous saluer, MASSENA.

IIe BULLETIN.

Au quartier-général de Vago, le 8 brumaire an 14. (30 octobre 1805).

APRÈS l'affaire du 7, l'armée avait pris position à Vago, deux mille en-deçà de Caldiero. Le 8, à deux heures après midi, elle attaqua l'ennemi sur toute la ligne. La division Molitor formant la gauche commença l'action ; celle du général Gardanne attaqua au centre, et celle du général Duhesme à la droite. Ces diverses attaques furent bien exécutées et heureusement conduites. Le village de Caldiero fut emporté aux cris de *vive l'EMPEREUR* ! et l'ennemi fut poursuivi jusques sur les hauteurs.

A quatre heures et demie, le prince Charles fit avancer sa réserve forte de 24 bataillons de grenadiers et de plusieurs régiments. La bataille devint alors plus vive. Les troupes de S. M. déployèrent leur intrépidité ordinaire : la cavalerie chargea plusieurs fois et toujours avec succès ; des bataillons de grenadiers de la réserve donnèrent en même-temps, et la bayonnette décida du sort de la journée. L'ennemi avait fait jouer plus de trente pièces d'artillerie qui garnissaient ses retranchements. Malgré l'acharnement de sa résistance, il a été culbuté et poursuivi jusqu'aux pieds des redoutes au-delà de Caldiero.

Nous avons fait trois mille cinq cents prisonniers; le champ de bataille est jonché d'autrichiens; le nombre de leurs morts et de leurs blessés égale au moins celui de leurs prisonniers. Le prince Charles a fait demander une trève pour enterrer les morts.

Notre perte est très-peu considérable en comparaison de celle de l'ennemi.

Le maréchal général en chef applaudit à la valeur et au dévouement de l'armée; il fera connaître particulièrement les belles actions qui ont signalé la journée, et mettra sous les yeux de S. M. l'EMPEREUR et ROI les noms des braves à qui l'honneur en est dû.

IVe BULLETIN.

Au quartier-général de Montebello, le 11 brumaire an 14 (2 novembre 1805).

APRÈS la bataille du 8, par l'effet de la position de l'armée en avant de Caldiero, et par suite des mouvemens ordonnés le 7 à la division Seras, une colonne ennemie forte de cinq mille hommes, commandés par un brigadier, fut séparée du corps du général Rosemberg, et se trouva coupée de manière à ne pouvoir remonter dans les vallées ni rejoindre son armée. Le général en chef, instruit qu'elle s'était portée le 10 sur les hauteurs de Saint-Léonard, envoya un de ses aides-de-camp pour la sommer de mettre bas les armes. L'officier-général Hillinger, qui la commandait, s'appercevant qu'il n'avait pas de troupes devant lui, manifesta l'intention de combattre.

Le 22e régiment d'infanterie légère, conduit par son colonel Goguet, eut ordre de se porter de suite en avant de Véronnette ; l'ennemi fit un mouvement sur lui, et le força de prendre position sous le château de San-Félice. Le général en chef se porta bientôt sur les lieux, et fit marcher quatre bataillons de grenadiers pour cerner entièrement l'ennemi ; le général Charpentier, chef de l'état-major, chargé de ces dispositions, les exécuta avec précision, de concert avec le général Solignac.

Il fut fait alors une nouvelle sommation à l'ennemi, qui sentit qu'il fallait se résoudre à mettre bas les armes. Une capitulation signée par l'officier-géneral commandant la colonne ennemie, et par le général Solignac, nous a livré cinq mille prisonniers avec armes et bagages, soixante-dix officiers, un brigadier, un major, un colonel, quatre-vingt chevaux, etc. etc.

Le prince Charles de son côté, voyant qu'une colonne de son armée avait été coupée, et craignant d'être tourné dans sa position, s'occupa d'effectuer sa retraite. On fut instruit qu'il avait fait quelques mouvements dans la nuit : dès la pointe du jour, de fortes reconnaissances furent poussées sur la ligne ; la division des chasseurs à cheval, commandée par le général Espagne, et les voltigeurs de la division Gardanne, se mirent à la poursuite des autrichiens, qui furent harcelés toute la journée, et auxquels on fit six cents prisonniers.

Nous occupons aujourd'hui Montebello ; demain l'armée continue sa marche.

Copie d'une capitulation entre M. le général Solignac, commandant un corps de grenadiers de l'armée impériale et royale de S. M. l'Empereur des Français, d'une part; et M. le brigadier-général Hillinger, commandant un corps de troupes de S. M. I. et R. l'Empereur d'Allemagne, d'autre part.

Art. Ier. Les troupes autrichiennes, commandées par M. le général Hillinger, restent prisonnières de guerre aux conditions suivantes :

II. M. le général Hillinger, ainsi que tous les officiers sous ses ordres, conserveront leurs épées, chevaux et bagages; ils rentreront en Autriche sur leur parole d'honneur de ne pas servir contre la France ou ses alliés, jusqu'à leur parfait échange.

III. Les soldats mettront bas les armes avant d'entrer dans Véronne; ils conserveront leur butin.

IV. Tous les blessés autrichiens qui se trouvent dans les environs de Payano et Grazzano, seront transportés de suite dans les hôpitaux militaires de l'armée française, pour y être traités convenablement.

V. Les troupes de S. M. l'Empereur d'Allemagne s'étant battues avec la plus grande intrépidité, et n'ayant capitulé qu'au moment où elles ont été complètement cernées, l'armée française fera pour elles tout ce que l'on doit à la bravoure militaire.

Fait double à Cara-Albertini, le 2 novembre 1805 (11 brumaire an 14).

Signé, Hillinger, *général-major.*

(Suivent les autres signatures des officiers supérieurs).

Ve BULLETIN.

Du 14 brumaire an 14 (5 novembre 1805).

Après quelques heures de repos à Montebello, l'armée poursuivit l'ennemi sur Vicence. Les portes de la ville avaient été murées; on le somma de l'évacuer ; sa réponse fut négative. Un sentiment d'humanité avait dicté la sommation du général en chef ; il fallut bien forcer le passage, et diriger du canon et des obusiers contre les portes, et malheureusement contre la ville même. Nous y entrâmes à la pointe du jour. La précipitation avec laquelle la retraite de l'ennemi s'opéra, lui fit abandonner mille blessés, et laisser quelques restes de magasins à notre disposition. Dans la journée nous lui avons fait huit cents prisonniers.

Les autrichiens s'étaient retirés par le chemin de Bassano. L'armée les y suivit et entama continuellement leur arrière-garde. A l'embranchement des routes de Bassano et de Treviso, ils se dirigèrent vers cette dernière ville, en brûlant derrière eux le pont qui se trouve sur le torrent près de la Palu. Arrivés au village de Saint-Pierre *in Gu*, nous le trouvâmes occupé par un corps de troupes, qui fut chargé vigoureusement. Le village fut enlevé après un combat qui nous valut encore six cents prisonniers et une pièce de canon.

Nous marchâmes vers la Brenta. L'avant-garde arriva au moment où l'ennemi tentait de détruire le pont. Il s'engagea d'une rive à l'autre une forte canonnade, que la nuit seule fit cesser.

L'armée bivouaqua sur la rive droite. A quatre heures du matin, je fis passer à gué plusieurs régiments de cavalerie avec les voltigeurs en croupe, pendant qu'on réparait le pont. L'armée défila bientôt, et nous arrivâmes à Cittadella assez à temps pour enlever les derniers postes de l'ennemi. A cinq heures du soir, nous entrions dans Caste'-Franco, et nos chasseurs occupaient déjà en avant Salvatrunda et Albaredo. Le général en chef sentit la nécessité d'accorder quelques heures aux besoins de l'armée.

Dans notre marche depuis Montebello, nous avons fait plus de dix-huit cents prisonniers.

La division de droite s'est dirigée sur Padoue, où elle arrive aujourd'hui; celle de gauche s'est portée par les *sette comuni* sur Bassano, qu'elle occupera demain.

L'armée marche vers la Piave.

VIe BULLETIN.

Au quartier-général de Passinano, le 22 brumaire an 14 (13 novembre 1805).

L'ARMÉE, dans sa marche sur la Piave, n'a rencontré que de faibles obstacles. De la Piave au Tagliamento, elle a vu fuir devant elle quelques corps de cavalerie, qui semblaient l'observer, mais dont la retraite était calculée de manière à éviter tout engagement.

C'est au Tagliamento que l'ennemi parut vouloir nous attendre. Il avait réuni sur la rive gauche six régiments de cavalerie et quatre régiments d'infanterie, et sa contenance faisait présumer qu'il défendrait vivement le passage. Le général en chef n'avait eu d'abord que le dessein de faire reconnaître la position par de la cavalerie. Le général Espagne commandant la division des chasseurs à cheval, les dragons aux ordres du général Mermet, et les cuirassiers aux ordres du général Pully, s'étaient portés sur le fleuve, tandis que les divisions Duhesme et Seras marchaient sur Saint-Vitto; celles des généraux Molitor et Gardanne se dirigeaient sur Valvasone.

Le général Espagne avait reçu l'ordre de pousser des reconnaissances : le 21, à six heures du matin, un escadron qu'il avait fait passer fut chargé par un régiment de cavalerie autrichienne. Il soutint l'attaque avec intrépidité, et donna le temps au général Espagne de se porter au-devant de l'ennemi, qui bientôt fut repoussé et mis en fuite. Notre artillerie cependant s'était mise en position : la canonnade commença d'une rive à l'autre. Elle fut très-vive, et se prolongea toute la journée. L'ennemi avait placé trente pièces de canon derrière une digue ; nous n'en avions que dix-huit, et nos artilleurs conservèrent leur supériorité ordinaire. Les divisions d'infanterie arrivèrent vers le soir ; le général en chef, satisfait des avantages qu'il avait obtenus, et qui lui en assuraient de nouveaux, ne voulut pas de suite effectuer le passage : il se contenta de faire ses dispositions pour le lendemain, persuadé qu'il pourrait porter des coups plus décisifs. Les divisions étaient réunies aux points indiqués, à Saint-Vitto et à Valvasone : c'est sur ces deux points qu'elles devaient passer le fleuve, tourner et couper l'ennemi. Le prince Charles craignit sans doute l'exécution de ce plan ; il ne jugea pas devoir attendre le jour dans sa position, et, dès minuit, il était en retraite sur le chemin de Palma-Nova. L'armée passa le Tagliamento avec le regret de n'avoir plus d'ennemis à combattre ; et ce fut alors qu'elle connut mieux encore tous les résultats de la journée de la veille ; la rive gauche du fleuve était couverte d'hommes et de chevaux, qui avaient péri par l'effet de notre artillerie. L'armée continue sa marche. L'espoir de rencontrer et de combattre l'ennemi ajoute à son impatiente ardeur. Elle apprend tout ce que fait la grande armée, et le désir de seconder ses mouvements, et de répondre à la confiance de l'EMPEREUR, l'agite et l'aiguillonne sans cesse.

L'avant-garde enlève chaque jour des prisonniers qui vont grossir le nombre de ceux que nous avons déjà faits. Le temps est constamment favorable; on travaille à réparer les ponts de la Piave et du Tagliamento.

VIIe BULLETIN.

Au quartier-général de Gorizia, le 26 brumaire an 14 (17 novembre 1805).

L'ENNEMI, en nous abandonnant les rives du Tagliamento, avait dirigé sa retraite sur Palma-Nova. Il ne chercha point à défendre cette place, qu'il aurait pu tenir avec avantage, et ce ne fut qu'à plusieurs milles de là que nous rencontrâmes ses derniers postes. Il s'engagea quelques affaires de peu d'intérêt, qui nous valurent cependant un certain nombre de prisonniers.

Le 24, l'armée se forma en deux colonnes et se porta sur l'Isonzo. L'avant-garde, aux ordres du général Espagne, entra deux heures avant la nuit dans Gradisca, où les autrichiens n'opposèrent qu'une faible résistance. Les chasseurs à cheval remontèrent alors la rive droite du fleuve pour se porter sur Gorizia, et la division Seras s'établit en même-temps à Sagrado, sur la rive gauche.

Le lendemain, les divisions Molitor, Gardanne et Partouneaux longèrent la rive droite de l'Isonzo dans le dessein de le passer au-dessous de Gorizia; mais l'équipage de pont n'étant point encore arrivé, le passage ne put pas s'effectuer sur ce point.

Les divisions Seras et Duhesme marchaient de leur côté sur Rubia et Savogna. Leurs avant-postes talonnaient l'ennemi. Il y eut un engagement à la suite duquel sa cavalerie se replia dans le plus grand désordre: son artillerie ne nous échappa qu'à la faveur de la nuit; nous l'avions poussé jusques sous les murs de Gorizia.

Le général en chef fit ses dispositions pour une attaque générale dans la matinée du 26 ; les autrichiens ne voulurent pas s'y exposer. Ils avaient profité de la nuit même pour précipiter leur retraite. Le général Espagne les suit avec de la cavalerie et de l'infanterie légère. Il a l'ordre de les chasser devant lui jusqu'à Leibach.

L'armée a pris position en avant de l'Isonzo ; trois cents nouveaux prisonniers sont conduits sur ses derrières, et l'on en voit à chaque instant arriver d'autres. Les magasins établis à Udine et à Palma-Nova sont tombés en nos mains.

Le général en chef se loue de l'activité soutenue de l'armée ; elle surmonte avec courage et gaieté les fatigues et les privations inévitables d'une marche aussi rapide. C'est un témoignage qu'il se plaît à lui rendre auprès de S. M. l'Empereur et Roi.

VIIIe BULLETIN.

Au quartier-général de Gorizia, le 2 frimaire an 14
(23 novembre 1805).

L'armée conserve la position qu'elle a prise sur la rive gauche de l'Isonzo. L'avant-garde, aux ordres du général Espagne, s'est portée sur Vipacco, a repoussé les ennemis jusqu'à Gauz, et, dans plusieurs charges conduites avec vigueur, leur a fait une centaine de prisonniers. La totalité de leur cavalerie s'est retirée par la grande route ; une partie considérable de leur infanterie a pris le chemin de la vallée d'Idria, pour gagner celle d'Oberleybach. Cinq compagnies de voltigeurs poursuivent l'ennemi dans cette direction, tandis que nos avant-postes ont déjà poussé des reconnaissances sur les retranchements de Prevald, et se dirigent vers Leybach.

Le général en chef a fait marcher la division Seras sur Trieste. Les autrichiens, à notre approche, ont évacué la place, en y abandonnant trois cents blessés. Un corps de troupes les a suivis sur la route de Leybach, et leur a enlevé cinquante hommes.

Deux régiments de dragons, soutenus par de l'infanterie, se sont portés à notre gauche, sur la Chiusa de Pletz, que gardaient les deux régiments d'infanterie *Strasoldo* et *Deligne*, avec quelque cavalerie. Tous les postes ont été abandonnés le lendemain même de l'arrivée de nos troupes. Le général de brigade Lacour, qui les commande, a reçu l'ordre de pénétrer jusqu'à Villach, et de tenter d'ouvrir quelque communication avec la grande armée, dont les mouvements ont sans doute déterminé la retraite de l'ennemi, qui aura craint de se voir enveloppé. Il a été aussi dirigé un détachement sur Ponteba-Veneta, où l'ennemi, qui se trouvait en force, n'avait pas osé nous attendre.

Dans ces divers mouvements, nous avons fait près de quatre cents prisonniers.

Le général en chef a laissé vers Padoue le corps de troupes venant de Naples. Il a joint une des divisions de l'armée, la légion Corse, et le deuxième régiment italien. Le lieutenant-général Gouvion-Saint-Cyr, qui commande ces forces réunies, observe Chiozza et Brondolo. Il se tient prêt à fondre sur les russes et les anglais, s'ils osaient tenter le débarquement dont ils menacent les côtes d'Italie.

Lettre du général de division Lecchi, à S. Exc. le ministre de la guerre.

Au quartier-général de Legnaro, le 25 novembre 1805.

Je me hâte de prévenir V. E. qu'un corps de troupes ennemies, commandé par le prince de Rohan, s'est montré près de Bassano (1). Le général en chef est parti de Stra avec la réserve composée d'un corps polonais, commandé par le général Peyri; d'un régiment de cavalerie française, d'un régiment d'infanterie française, d'un bataillon, commandés par le général Reynier, et enfin de quatre pièces d'artillerie, commandée par le chef de bataillon Millo, et escortée par le 5e régiment d'infanterie italienne.

Le général Reynier (2) parti de ses cantonnements

---

(1) Voyez le 30e Bulletin *bis* de la grande armée.

(2) Le général Reynier a fait insérer, dans le n° 94 du Moniteur, la lettre suivante :

Au quartier-général à Mira, le 22 frimaire.

» Monsieur, une lettre insérée dans votre numéro du 12 frimaire, comme adressée par le général de division Lecchi au ministre de la guerre du royaume d'Italie, contient plusieurs erreurs que les officiers qui ont combattu sous mes ordres à l'affaire du 5 frimaire, m'engagent à rectifier.

» Les troupes que je commandais, et à la valeur desquelles je dois les plus grands éloges, sont les 10e, 56e et 62e régiments d'infanterie de ligne, le 4e bataillon du 1er régiment suisse, le 6e régiment de chasseurs, et la 4e compagnie du 2e régiment d'artillerie légère, sous les ordres des généraux Herbin et Grigny.

» J'étais parti deux heures avant le jour, le 3 frimaire, de Novale, pour aller attaquer le prince de Rohan, qui était arrivé la veille à Castel-Franco. Il marchait, de son côté, pour venir, par Mestre, se réunir à la garnison de Venise. Nos troupes se rencontrèrent entre Piombino et Resana, et le combat s'engagea très-vives'est rendu à Piombino, où il coupait par ce moyen le chemin de Mestre aux autrichiens, qui cherchaient

---

ment. L'ennemi opposa une grande résistance à la première attaque, mais aucun des corps de la division n'a cédé un pouce de terrein, quoique les autrichiens fussent bien supérieurs en nombre et qu'ils fissent de très-grands efforts pour s'ouvrir un passage. Au moment où le prince de Rohan faisait donner ses dernières troupes de réserve, je fis battre la charge; l'ennemi fut mis en déroute et se sauva dans le plus grand désordre, laissant la route entre Piombino et Resana couverte d'artillerie et d'équipage. Ce fut alors que le 1er bataillon de polonais, que le lieutenant-général Gouvion-Saint-Cyr, entendant le combat, avait détaché pour attaquer les ennemis à dos, arriva sur la route de Resana à Castel-Franco, où il trouva la colonne des fuyards, et fit prisonnier tout ce qui n'avait pas dépassé ce point. Arrivé près de Castel-Franco avec mon avant-garde je reçus un parlementaire envoyé par le corps ennemi qui avait pu s'y sauver, et qui me demandait à capituler; j'envoyai avec lui mon aide-de-camp pour écrire en ville cette capitulation; mais elle fut signée par le général Gouvion-Saint-Cyr qui arrivait dans ce moment à Castel-Franco par la route de Citadella.

» Trois mille hommes ont été pris sur le champ de bataille; trois mille et six cents de cavalerie ont capitulé à Castel-Franco. Nos soldats ont une telle supériorité par leur vivacité, leur adresse et leur courage, que je n'ai pas eu en tués et blessés la moitié du nombre des ennemis restés morts sur le champ de bataille, où l'on a trouvé cinq cents blessés qui ont été conduits dans nos hôpitaux.

» Le soin de la gloire des braves que j'ai l'honneur de commander m'engage seul à vous adresser cette lettre, et à vous prier, monsieur, de rétablir les faits mal exposés dans la lettre que j'ai mentionnée.

» J'ai l'honneur de vous saluer, REYNIER. «

Note du Rédacteur du Moniteur. — Nous avons été autorisé à publier dans notre n° 72, la lettre officielle du général de division Lecchi : les faits que la lettre du général de division Reynier a pour objet de rectifier, l'ont été déjà par la publication du 9e Bulletin de l'armée d'Italie, inséré au n° 75 (1); nous n'en avons pas moins cru devoir faire connaître la lettre du général Reynier.

---

(1) *Voyez* le IXe Bulletin ci-après.

à

à se jetter dans Venise. A la pointe du jour, hier 24, il a été attaqué, et, malgré une vigoureuse résistance, il a été trois fois obligé de céder le terrein. Le corps d'infanterie polonaise qui se trouvait à Campo-Saint-Piétro avec le général en chef, se dirigea avant le jour vers Castel-Franco avec le général en chef lui-même, qui, s'étant apperçu à moitié chemin que la division Reynier se reployait, ordonna au colonel Grabinski de prendre l'ennemi aux épaules : ce corps attaqua à l'instant avec la plus grande vigueur, et contraignit l'ennemi à se retirer dans Castel-Franco avec une perte de cent cinquante prisonniers, parmi lesquels un major et un colonel, de deux pièces de canon de six et d'un obusier.

Le général Reynier, profitant de cette manœuvre du général en chef, réattaqua lui-même et fit deux mille prisonniers.

Le reste de la colonne ennemie se retira à Villa-Franca où trois mille autrichiens bloqués par le régiment d'infanterie polonaise rendirent les armes au colonel Grabinski, et un corps de sept cents hommes de cuirassiers se rendit au lieutenant-colonel Clopinski.

Huit mille prisonniers, environ sept cents chevaux, douze pièces de canon, six drapeaux et un étendard, sont le résultat de cette journée. Parmi les prisonniers se trouve M. le prince de Rohan, général-commandant, trois colonels, six majors, trois lieutenants-colonels, environ six cents morts, parmi lesquels deux colonels, quatre majors et deux lieutenants-colonels, en outre six cents blessés environ.

IXe BULLETIN.

Au quartier-général de Gorizia, le 5 frimaire an 14 (26 novembre 1805).

Le général en chef était instruit par divers rapports,

spécialement par une lettre du général Vial, ambassadeur de S. M. I. et R. à Berne, qu'un corps de l'armée autrichienne, qui se trouvait coupé par suite des manœuvres de la grande armée, devait descendre des montagnes du Tyrol. Il calcula que cette colonne, dans sa situation, chercherait, soit à traverser la ligne de l'armée pour arriver aux lagunes de Venise, et se réunir aux troupes qui occupent cette place, soit à opérer par Feltro et Belluno, pour se joindre aux débris de l'armée du prince Charles vers Leybach. Dans la première hypothèse, la position de l'aîle droite, qu'il avait laissée pour observer Venise, sous les ordres du lieutenant-général Gouvion-Saint-Cyr, lui répondait que les ennemis ne tenteraient pas impunément le passage; dans la seconde hypothèse, il avait fait occuper les deux Ponteba et la Chiusa-di-Pletz, par plusieurs régiments de cavalerie et d'infanterie, sous les ordres des généraux de brigade Lacour et Lanchantin. Quelque direction que prît la colonne ennemie, la situation de l'armée sur l'Isonzo permettait de détacher à temps des forces suffisantes pour la couper; et cependant l'avant-garde continuait sa marche sur Leybach.

La colonne, forte d'environ sept mille hommes d'infanterie, et douze cents chevaux, commandée par le prince de Rohan, est venue le 2 frimaire se jetter sur Bassano; elle put aisément enlever le faible détachement de cent cinquante hommes qui formait la garnison, et elle se dirigea sur Castel-Franco.

Aussitôt que le lieutenant-général Saint-Cyr en eut avis, il jugea que le but de l'ennemi étai en effet de traverser notre ligne, dont sans doute il ne connaissait pas la force, et il fit des dispositions pour le bien recevoir.

Le général en chef, qui avait tout prévu, était tranquille de ce côté; mais, pour ne rien donner au hasard des évènements, il prit des mesures pour faire arriver à marches forcées sur la Piave la division des grenadiers, commandée par le général Partouneaux, deux brigades des divisions Duhesme et Seras, la division des cuirassiers et une brigade de dragons; les grenadiers devant remonter la Piave par il Bosco del Mantello, et tourner la position de Bassano. La division Gardanne, dirigée en même-temps sur Venzone, devait renforcer les détachements envoyés aux deux Ponteba, pour couper toute retraite à l'ennemi, dans le cas où il eût déjà pris la route de Belluno et de la Pieva-di-Cadore, pour gagner Vilach et rejoindre le prince Charles à Leybach. Le général en chef avait laissé le reste des troupes sur l'Isonzo, sous le commandement du général Duhesme, et se portait lui-même sur la Piave pour y diriger les mouvements qu'il avait ordonnés.

Le lieutenant-général Saint-Cyr manœuvrait pour reconnaître l'ennemi, et l'arrêter; il avait formé une colonne tirée des divisions Reynier, Lecchi et Verdier: il était lui-même à Campo-San-Pietro avec le régiment polonais commandé par le général Peyri. Le général Reynier à Navale avait ordre de marcher, le 3 frimaire, à la pointe du jour sur Castel-Franco. L'ennemi arrivé la veille, et sentant la difficulté de sa position, prévint l'attaque; il se jetta violemment sur la division Reynier, qui le reçut avec la plus grande vigueur, et l'eut bientôt culbuté; il revint plusieurs fois à la charge, et heurta toujours contre le même écueil.

Pendant ce temps, le lieutenant-général Saint-Cyr fit faire un mouvement au régiment polonais et tourna l'ennemi; ce ne fut alors qu'une déroute jusqu'à Castel-Franco, où nos troupes arrivèrent aussitôt que les autrichiens. Tout ce qui n'avait pas péri ou qui n'avait pas été pris sur le champ de bataille, a demandé à capituler. Six mille hommes d'infanterie et mille chevaux sont restés en notre pouvoir: c'est beaucoup plus que nous ne leur avions opposé de combattants effectifs ; mais ils sentirent que, par l'effet nécessaire des dispositions qui les menaçaient de toutes parts, leur perte devenait inévitable. Le général prince de Rohan, commandant le corps, plusieurs colonels et beaucoup d'officiers sont au rang de nos prisonniers ; six drapeaux et un étendard, douze pièces de canon, leurs caissons et d'immenses bagages sont aussi le résultat de la victoire. Il a été perdu deux étendards dans la mêlée. Nous n'avons à regretter qu'une centaine d'hommes mis hors de combat. Nous avons retrouvé les prisonniers faits sur nous à Bassano.

Un corps de croates, qu'on présume avoir fait partie de la colonne, est attendu aux débouchés des montagnes : il est difficile qu'il nous échappe, d'après les mesures déjà prises pour lui faire partager le même sort.

Le lieutenant-général Gouvion-Saint-Cyr a déployé une grande habileté dans les manœuvres ; il donne lui-même de justes éloges à la bravoure et aux talents du général de division Reynier. Il cite avec honneur les chefs des 10e et 56e régiments de ligne, le chef de bataillon Clavel, commandant le bataillon suisse, les chefs de brigade Grabinski et de bataillon Białowiski et Clopski.

Le général de brigade Lacour est à Vilach ; il pousse ses avant-postes sur Clagenfurth, et touche au moment de communiquer avec la grande armée.

L'avant-garde aux ordres du général Espagne fait à chaque pas de nouveaux prisonniers. Les routes d'Idria et de Leybach sont couvertes de chevaux tués, de caissons rompus, et de milliers de boulets abandonnés.

Nota. Le Bulletin ci-dessus est le dernier de l'armée d'Italie, qui est devenue le 8e corps de la grande armée. (*Voyez ci-devant, pages* 120 *et* 150, *les* 30e bis *et* 37e *Bulletins*).

TRAITÉ DE PAIX.

EXTRAIT du Bulletin des lois, n° 71, IVe série.

(N° 1243.) *TRAITÉ DE PAIX conclu entre l'Empereur des Français, Roi d'Italie, et l'Empereur d'Allemagne et d'Autriche.*

NAPOLÉON, par la grace de Dieu et les constitutions de la République, EMPEREUR DES FRANÇAIS, à tous présents et à venir, SALUT :

NOUS AVONS PROCLAMÉ et PROCLAMONS loi de l'État le traité de paix conclu entre Nous et l'Empereur d'Allemagne et d'Autriche, à Presbourg, le 5 nivôse an XIV [26 décembre 1805], ratifié par nous à Schœnbrunn le 6 nivôse [27 décembre 1805], et dont il a été donné connaissance au Sénat le 14 janvier 1806, duquel traité la teneur suit :

Sa Majesté l'empereur d'Allemagne et d'Autriche, et sa Majesté l'Empereur des Français, Roi d'Italie, également animés du désir de mettre fin aux calamités de la guerre, ont résolu de procéder, sans délai, à la conclusion d'un traité de paix définitif, et ont, en conséquence, nommé pour plénipotentiaires ; savoir :

Sa Majesté l'Empereur d'Allemagne et d'Autriche, M. le prince *Jean de Liechtenstein*, prince du Saint-Empire romain, grand'croix de l'ordre militaire de Marie-Thérèse, chambellan, lieutenant-général des armées de sadite Majesté l'Empereur d'Allemagne et

M 3

d'Autriche, et propriétaire d'un régiment de housards ; et M. le comte *Ignace de Gyulai*, commandant de l'ordre militaire, chambellan de sadite Majesté l'Empereur d'Allemagne et d'Autriche, lieutenant-général de ses armées, et propriétaire d'un régiment d'infanterie.

Et sa Majesté l'Empereur des Français, Roi d'Italie, M. *Charles-Maurice Talleyrand-Périgord*, grand chambellan, ministre des relations extérieures de sadite Majesté l'Empereur des Français, Roi d'Italie, grand cordon de la légion d'honneur, chevalier des ordres de l'Aigle rouge et noir de Prusse ;

Lesquels, après avoir échangé leurs pleins-pouvoirs, sont convenus des articles suivants :

Art. 1er. Il y aura, à compter de ce jour, paix et amitié entre sa Majesté l'Empereur d'Allemagne et d'Autriche, et sa Majesté l'Empereur des Français, Roi d'Italie, leurs héritiers et successeurs, leurs États et sujets respectifs, à perpétuité.

2. La France continuera de posséder, en toute propriété et souveraineté, les duchés, principautés, seigneuries et territoires au-delà des Alpes, qui étaient, antérieurement au présent traité, réunis ou incorporés à l'Empire français, ou régis par les lois et les administrations françaises.

3. Sa Majesté l'Empereur d'Allemagne et d'Autriche, pour lui, ses héritiers et successeurs, reconnaît les dispositions faites par sa Majesté l'Empereur des Français, Roi d'Italie, relativement aux principautés de Lucques et de Piombino.

4. Sa Majesté l'Empereur d'Allemagne et d'Autriche renonce, tant pour lui que pour ses héritiers et successeurs, à la partie des États de la république de Venise à lui cédée par les traités de Campo-Formio

et de Lunéville, laquelle sera réunie à perpétuité au royaume d'Italie.

5. Sa Majesté l'Empereur d'Allemagne et d'Autriche, reconnaît sa Majesté l'Empereur des Français comme Roi d'Italie. Mais il est convenu que, conformément à la déclaration faite par sa Majesté l'Empereur des Français, au moment où il a pris la couronne d'Italie, aussitôt que les puissances nommées dans cette déclaration auront rempli les conditions qui s'y trouvent exprimées, les couronnes de France et d'Italie seront séparées à perpétuité, et ne pourront plus, dans aucun cas, être réunies sur la même tête. Sa Majesté l'Empereur d'Allemagne et d'Autriche s'engage à reconnaître, lors de la séparation, le successeur que sa Majesté l'Empereur des Français se sera donné comme Roi d'Italie.

6. Le présent traité de paix est déclaré commun à leurs altesses sérénissimes les électeurs de Bavière, de Wurtemberg et de Baden, et à la république batave, alliés de sa Majesté l'Empereur des Français, roi d'Italie, dans la présente guerre.

7. Les électeurs de Bavière et de Wurtemberg ayant pris le titre de Roi, sans néanmoins cesser d'appartenir à la confédération germanique, sa Majesté l'Empereur d'Allemagne et d'Autriche les reconnaît en cette qualité.

8. Sa Majesté l'Empereur d'Allemagne et d'Autriche, tant pour lui, ses héritiers et successeurs, que pour les princes de sa maison, leurs héritiers et successeurs respectifs, renonce aux principautés, seigneuries, domaines et territoires ci-après désignés;

Cède et abandonne à sa Majesté le roi de Bavière, le margraviat de Burgaw et ses dépendances, la principauté d'Eichstadt, la partie du territoire de Passau appartenant à S. A. R. l'électeur de Saltzbourg, et située entre la Bohême, l'Autriche, le Danube et l'Inn; le comté de Tyrol, y compris les principautés de Brixen et de Trente; les sept seigneuries du Voralberg, avec leurs enclaves; le comté de Hohenems, le comté de Konigsegg-Rothenfels, les seigneuries de Tetnang et Argen, et la ville et territoire de Lindau;

A sa Majesté le roi de Wurtemberg, les cinq villes dites du Danube, savoir: Ehingen, Munderkingen, Riedlingen, Mengen et Sulgaw, avec leurs dépendances, le haut et bas comté de Hohemberg, le landgraviat de Nellembourg et la préfecture d'Altorff, avec leurs dépendances (la ville de Constance exceptée), la partie du Brisgaw faisant enclave dans les possessions wurtembergeoises, et située à l'est d'une ligne tirée du Schlegelberg jusqu'à la Molbach, et les villes et territoires de Willingen et Brentingen;

A. S. A. S. l'électeur de Bade, le Brisgaw (à l'exception de l'enclave et des portions séparées ci-dessus désignées), l'Ortenaw et leurs dépendances, la ville de Constance et la commanderie de Meinau.

Les principautés, seigneuries, domaines et territoires susdits, seront possédés respectivement par leurs Majestés les rois de Bavière et de Wurtemberg et par S. A. S. l'électeur de Bade, soit en suzeraineté, soit en toute propriété et souveraineté, de la même manière, aux mêmes titres, droits et prérogatives que les possédaient sa Majesté l'Empereur d'Allemagne et d'Autriche ou les princes de sa maison, et non autrement.

9. Sa Majesté l'Empereur d'Allemagne et d'Autriche reconnaît les dettes contractées par la maison d'Autriche au profit des particuliers et des établissements publics des pays faisant actuellement partie intégrante de l'Empire français; et il est convenu que sadite Majesté restera libre de toute obligation par rapport

à toutes dettes quelconques que la maison d'Autriche aurait contractées, à raison de la possession, et hypothéquées sur le sol des pays auxquels elle renonce par le présent traité.

10. Les pays de Saltzbourg et de Berchtolsgaden appartenant à S. A. R. et E. l'archiduc Ferdinand, seront incorporés à l'empire d'Autriche ; et sa Majesté l'Empereur d'Allemagne et d'Autriche les possédera en toute propriété et souveraineté, mais à titre de duché seulement.

11. Sa Majesté l'Empereur des Français, Roi d'Italie, s'engage à obtenir, en faveur de S. A. R. l'archiduc Ferdinand, électeur de Saltzbourg, la cession par sa Majesté le roi de Bavière, de la principauté de Wurtzbourg, telle qu'elle a été donnée à sadite Majesté par le recès de la députation de l'Empire germanique, du 25 février 1803 [6 ventôse an XI].

Le titre électoral de S. A. R. sera transféré sur cette principauté, que S. A. R. possédera en toute propriété et souveraineté, de la même manière et aux mêmes conditions qu'elle possédait l'électorat de Saltzbourg.

Et quant aux dettes, il est convenu que le nouveau possesseur n'aura à sa charge que les dettes résultant d'emprunts formellement consentis par les États du pays, ou des dépenses faites pour l'administration effective dudit pays.

12. La dignité de grand-maître de l'ordre Teutonique, les droits, domaines et revenus qui, antérieurement à la présente guerre, dépendaient du Mergentheim, chef-lieu de l'ordre, les autres droits, domaimaines et revenus qui se trouveront attachés à la grande-maîtrise, à l'époque de l'échange des ratifications du présent traité, ainsi que les domaines et revenus dont, à cette même époque, ledit ordre se trouvera en possession, deviendront héréditaires dans

la personne et la descendance directe et masculine, par ordre de primogéniture, de celui des princes de la maison impériale qui sera désigné par sa Majesté l'Empereur d'Allemagne et d'Autriche.

Sa Majesté l'Empereur *Napoléon* promet ses bons offices pour faire obtenir, le plutôt possible, à S. A. R. l'archiduc Ferdinand, une indemnité pleine et entière en Allemagne.

13. Sa Majesté le roi de Bavière pourra occuper la ville d'Augsbourg et son territoire, les réunir à ses Etats et les posséder en toute propriété et souveraineté. Pourra également sa Majesté le roi de Wurtemberg occuper, réunir à ses Etats et posséder en toute propriété et souveraineté le comté de Bondorff; et sa Majesté l'Empereur d'Allemagne et d'Autriche s'engage à n'y mettre aucune opposition.

14. Leurs Majestés les rois de Bavière et de Wurtemberg, et S. A. S. l'électeur de Bade, jouiront, sur les territoires à eux cédés, comme aussi sur leurs anciens Etats, de la plénitude de la souveraineté et de tous les droits qui en dérivent et qui leur ont été garantis par sa Majesté l'Empereur des Français, Roi d'Italie, ainsi et de la même manière qu'en jouissent sa Majesté l'Empereur d'Allemagne et d'Autriche et sa Majesté le roi de Prusse sur leurs Etats allemands. Sa Majesté l'Empereur d'Allemagne et d'Autriche, soit comme chef de l'Empire, soit comme co-Etat, s'engage à ne mettre aucun obstacle à l'exécution des actes qu'ils auraient faits ou pourraient faire en conséquence.

15. Sa Majesté l'Empereur d'Allemagne et d'Autriche, tant pour lui, ses héritiers et successeurs, que pour les princes de sa maison, leurs héritiers et successeurs, renonce à tout droit, soit de souveraineté, soit de suzeraineté, à toutes prétentions quelconques, actuelles ou éventuelles, sur tous les Etats, sans ex-

ception, de leurs Majestés les rois de Bavière et de Wurtemberg, et de S. A. S. l'électeur de Bade, et généralement sur tous les Etats, domaines et territoires compris dans les cercles de Bavière, de Franconie et de Souabe, ainsi qu'à tout titre pris desdits domaines et territoires; et réciproquement toutes prétentions actuelles ou éventuelles desdits Etats à la charge de la maison d'Autriche ou de ses princes, sont et demeureront éteintes à perpétuité : néanmoins les renonciations contenues au présent article ne concernent point les propriétés qui sont par l'art. 11, ou seront, en vertu de l'art. 12 ci-dessus, concédées à LL. AA. RR. les archiducs désignés dans lesdits articles.

16. Les titres domaniaux et archives, les plans et cartes des différents pays, villes et forteresses cédés par le présent traité, seront remis dans l'espace de trois mois, à dater de l'échange des ratifications, aux puissances qui en auront acquis la propriété.

17. Sa Majesté l'Empereur *Napoléon* garantit l'intégrité de l'empire d'Autriche dans l'état où il sera en conséquence du présent traité de paix, de même que l'intégrité des possessions des princes de la maison d'Autriche, désignées dans les articles onzième et douzième.

18. Les hautes parties contractantes reconnaissent l'indépendance de la république helvétique, régie par l'acte de médiation, de même que l'indépendance de la république batave.

19. Les prisonniers de guerre faits par la France et ses alliés sur l'Autriche, et par l'Autriche sur la France et ses alliés, et qui n'ont pas été restitués, le seront dans quarante jours, à dater de l'échange des ratifications du présent traité.

20. Toutes les communications et relations commerciales seront rétablies entre les deux pays dans l'état où elles étaient avant la guerre.

21. Sa Majesté l'Empereur d'Allemagne et d'Autriche, et sa Majesté l'Empereur des Français, Roi d'Italie, conserveront entr'eux le même cérémonial, quant au rang et aux autres étiquettes, que celui qui a été observé avant la présente guerre.

22. Dans les cinq jours qui suivront l'échange des ratifications du présent traité, la ville de Presbourg et ses environs, à la distance de six lieues, seront évacués.

Dix jours après ledit échange, les troupes françaises et alliées de la France auront évacué la Moravie, la Bohême, le Viertel-Unter-Vienner-Wald, le Viertel-Unter-Manhartsberg, la Hongrie et toute la Styrie.

Dans les dix jours suivants, elles évacueront le Viertel-Ober-Vienner-Wald et le Viertel-Ober-Manhartsberg.

Enfin dans le délai de deux mois, à compter de l'échange des ratifications, les troupes françaises et alliées de la France auront évacué la totalité des Etats héréditaires de sa Majesté l'Empereur d'Allemagne et d'Autriche, à l'exception de la place de Braunau, laquelle restera pendant un mois de plus à la disposition de sa Majesté l'Empereur des Français, Roi d'Italie, comme lieu de dépôt pour les malades et pour l'artillerie.

Il ne sera, pendant ledit mois, fait aux habitants aucune réquisition de quelque nature que ce soit.

Mais il est convenu que jusqu'à l'expiration dudit mois, il ne pourra être stationné ni introduit aucun corps quelconque de troupes autrichiennes dans un arrondissement de six lieues autour de ladite place de Braunau.

Il est pareillement convenu que les magasins laissés par l'armée française, dans les lieux qu'elle devra successivement évacuer, resteront à sa disposition, et qu'il sera fait, par les hautes parties contractantes, un arrangement relatif à toutes les contributions quelconques de guerre précédemment imposées sur les divers Etats héréditaires occupés par l'armée française, arrangement en conséquence duquel la levée desdites contributions cessera entièrement à compter du jour de l'échange des ratifications.

L'armée française tirera son entretien et ses subsistances de ses propres magasins établis sur les routes qu'elle doit suivre.

23. Immédiatement après l'échange des ratifications du présent traité, des commissaires seront nommés de part et d'autre, pour remettre et recevoir, au nom des souverains respectifs, toutes les parties du territoire vénitien non occupées par les troupes de sa Majesté l'Empereur des Français, Roi d'Italie.

La ville de Venise, les lagunes et les possessions de terre-ferme seront remises dans le délai de quinze jours; l'Istrie et la Dalmatie vénitiennes, les bouches du Cattaro, les îles vénitiennes de l'Adriatique, et toutes les places et forts qu'elles renferment, dans le délai de six semaines, à compter de l'échange des ratifications.

Les commissaires respectifs veilleront à ce que la séparation de l'artillerie ayant appartenu à la république de Venise et de l'artillerie autrichienne soit exactement faite, la première devant rester en totalité au royaume d'Italie. Ils détermineront, d'un commun accord, l'espèce et la nature des objets qui, appartenant à sa Majesté l'Empereur d'Allemagne et d'Autriche, devront en conséquence rester à sa disposition. Ils conviendront, soit de la vente au royaume d'Italie de l'artillerie impériale et des objets susmentionnés, soit de leur échange contre une quantité équivalente d'artillerie ou d'objets de même ou d'autre nature qui seraient laissés par l'armée française dans les Etats héréditaires.

Il sera donné toute facilité et toute assistance aux troupes autrichiennes et aux administrations civiles et militaires, pour retourner dans les Etats d'Autriche par les voies les plus convenables et les plus sûres, ainsi que pour le transport de l'artillerie impériale, des magasins de terre et de mer, et autres objets qui n'auraient pas été compris dans les stipulations, soit de vente, soit d'échange, qui pourront être faites.

24. Les ratifications du présent traité seront échangées dans l'espace de huit jours, ou plutôt si faire se peut.

Fait et signé à Presbourg, le 26 décembre 1805 [5 nivôse an XIV].

Signé JEAN, *prince de Liechtenstein.*
(L. S.)

Signé Ch. Maur. TALLEYRAND.
(L. S.)

Signé IGNAZ, *comte de Gyulai.*
(L. S.)

MANDONS et ordonnons que les présentes, revêtues des sceaux de l'Etat, insérées au Bulletin des lois, soient adressées aux Cours, aux Tribunaux et aux autorités administratives, pour qu'ils les inscrivent dans leurs registres; et le Grand-Juge Ministre de la justice est chargé d'en surveiller la publication.

Donné à Stuttgard, le 19 Janvier 1806.

Signé NAPOLÉON.

Vu par nous Archi-Chancelier de l'Empire,

Signé CAMBACÉRÈS.

Le Grand-Juge Ministre de la justice,

Signé REGNIER.

Par l'Empereur:

Le Secrétaire d'état,

Signé HUGUES B. MARET.

CONVENTION pour l'exécution des dispositions de l'art. XXIII du traité de Paix.— Extrait du Moniteur, *n*° 16, *du* 16 *janvier.*

Sa majesté l'Empereur d'Allemagne et d'Autriche, et Sa Majesté l'EMPEREUR DES FRANÇAIS, ROI D'ITALIE, voulant, conformément à l'article XXIII du traité de paix, déterminer, d'un commun accord, l'espèce et la nature des objets qui, appartenant à sa Majesté l'Empereur d'Allemagne et d'Autriche dans le pays vénitien, devront en conséquence rester à sa disposition, comme artillerie, munitions et objets de marine, et qui pourront être vendus au royaume d'Italie, ou échangés contre une quantité d'artillerie, munitions et autres objets qui seraient laissés par l'armée française dans les Etats héréditaires, ont en conséquence nommé pour commissaires; savoir:

S. M. l'Empereur d'Allemagne et d'Autriche, M. le prince de Liechtenstein, lieutenant-général,

Et S. M. l'EMPEREUR DES FRANÇAIS, ROI D'ITALIE, M. le maréchal Berthier;

Lesquels sont convenus des articles suivants:

Art. Ier. Conformément à l'art. XXIII du traité de paix, il sera dressé, à dater de ce jour, un état de l'artillerie et des munitions autrichiennes dont l'armée française est en possession, soit à Brünn, soit dans la place de Vienne.

A cet effet, le comte de Kollovrath et M. le général Andréossy, commissaires de leurs souverains respectifs, feront dresser l'état desdits objets.

II. M. le comte de Bellegarde, nommé par l'Empereur d'Allemagne commissaire pour la remise des pays, forts, places du pays vénitien cédés à l'armée française, et le général de division Lauriston, nommé commissaire par S. M. l'EMPEREUR et ROI NAPOLEON pour prendre possession des susdits pays,

Veilleront à ce que la séparation de l'artillerie qui a appartenu à la République de Venise, et de l'artillerie autrichienne, soit exactement faite, la première devant rester en totalité au royaume d'Italie ; détermineront d'un commun accord l'espèce et la nature des objets qui, appartenant à l'Empereur d'Allemagne et d'Autriche, devront en conséquence rester à sa disposition.

III. Quand les états ci-dessus seront dressés, M. le général comte de Kollovrath, et M. le général Andréossy, sont autorisés à convenir de l'échange desdits objets d'artillerie autrichienne appartenant dans les Etats de Venise à S. M. l'empereur d'Allemagne, pièce pour pièce, objet pour objet, contre une quantité équivalente d'artillerie ou d'objets de même nature qui seraient laissés par l'armée française dans les Etats héréditaires, conformément aux états qui seront dressés.

IV. Comme il y a dans les arsenaux de Venise plusieurs objets de marine, les susdits commissaires sont autorisés à en faire échange contre l'artillerie et les munitions laissées par l'armée française dans les Etats héréditaires; les susdits commissaires régleront entr'eux la valeur des objets afin de déterminer l'échange.

V. Le surplus de l'artillerie et des munitions autrichiennes, et d'autres objets quelconques qui resteraient dans les Etats de Venise, et qui ne seraient pas échangés, pourront être achetés pour le royaume d'Italie, conformément au prix qui en sera fixé par MM. de Bellegarde et Lauriston.

VI. En conséquence des dispositions ci-dessus, à dater de demain 4 janvier 1806, toute évacuation d'artillerie et de munitions autrichiennes appartenantes à l'armée française, soit à Brünn, soit à Vienne, cessera, et les états qui en seront dressés, remis aux commissaires respectifs pour servir à l'échange. *Signé*, etc.

NOTICE

NOTICE

SOMMAIRE

Des principaux évènements qui ont eu lieu depuis la signature du Traité de paix.

Le 8 nivôse an 14 (29 décembre 1805), on a publié à Vienne les deux proclamations suivantes :

PROCLAMATION.

» Soldats,

» La paix entre moi et l'Empereur d'Autriche est signée. Vous avez, dans cette arrière-saison, fait deux campagnes; vous avez rempli tout ce que j'attendais de vous. Je vais partir pour me rendre dans ma capitale. J'ai accordé de l'avancement et des récompenses à ceux qui se sont le plus distingués : je vous tiendrai tout ce que je vous ai promis. Vous avez vu votre EMPEREUR partager avec vous vos périls et vos fatigues ; je veux aussi que vous veniez le voir entouré de la grandeur et de la splendeur qui appartiennent au Souverain du premier peuple de l'Univers. Je donnerai une grande fête aux premiers jours de mai, à Paris ; vous y serez tous, et après nous irons où nous appelleront le bonheur de notre patrie et les intérêts de notre gloire.

» Soldats, pendant ces trois mois qui vous seront nécessaires pour retourner en France, soyez le modèle de toutes les armées : ce ne sont plus des preuves de courage et d'intrépidité que vous êtes appelés à donner, mais d'une sévère discipline. Que mes alliés n'aient pas à se plaindre de votre passage, et en arrivant sur ce territoire sacré, comportez-vous comme des enfants au milieu de leur famille; mon peuple se comportera avec vous comme il le doit envers ses héros et ses défenseurs.

» Soldats, l'idée que je vous verrai tous, avant six mois, rangés autour de mon palais, sourit à mon cœur, et j'éprouve d'avance les plus tendres émotions: nous célébrerons la mémoire de ceux qui, dans ces deux campagnes, sont morts au champ d'honneur, et le Monde nous verra tous prêts à imiter leur exemple, et à faire encore plus que nous n'avons fait, s'il le faut, contre ceux qui voudraient attaquer notre honneur, ou qui se laisseraient séduire par l'or corrupteur des éternels ennemis du Continent «.

Schœnbrünn, le 6 nivôse an 14.

NAPOLÉON.

Par ordre de l'EMPEREUR,

Le major-général, maréchal BERTHIER.

PROCLAMATION.

» Habitants de la ville de Vienne,

» J'ai signé la paix avec l'Empereur d'Autriche. Prêt à partir pour ma capitale, je veux que vous sachiez l'estime que je vous porte, et le contentement que j'ai de votre bonne conduite pendant le temps que vous avez été sous ma loi. Je vous ai donné un exemple inoui jusqu'à présent dans l'histoire des nations. Dix mille hommes de votre garde nationale sont restés armés, ont gardé vos portes; votre arsenal tout entier est demeuré en votre pouvoir: et, pendant ce temps-là, je courais les chances les plus hasardeuses de la guerre. Je me suis confié en vos sentiments d'honneur, de bonne foi, de loyauté; vous avez justifié ma confiance.

» Habitants de Vienne, je sais que vous avez tous blâmé la guerre que des ministres vendus à l'Angleterre ont suscitée sur le Continent. Votre souverain est éclairé sur les menées de ces ministres corrompus; il est livré tout entier aux grandes qualités qui le distinguent, et désormais j'espère pour vous et pour le Continent des jours plus heureux.

» Habitants de Vienne, je me suis peu montré parmi vous, non par dédain ou par un vain orgueil; mais je n'ai pas voulu distraire en vous aucun des sentiments que vous deviez au prince avec qui j'étais dans l'intention de faire une prompte paix. En vous quittant, recevez, comme un présent qui vous prouve mon estime, votre arsenal intact, que les lois de la guerre ont rendu ma propriété : servez-vous-en toujours pour le maintien de l'ordre. Tous les maux que vous avez soufferts, attribuez-les aux malheurs inséparables de la guerre; et tous les ménagements que mon armée a apportés dans vos contrées, vous les devez à l'estime que vous avez méritée «.

Schœnbrünn, le 6 nivôse an 14.

Signé NAPOLÉON.

Par ordre de l'EMPEREUR,

Le major-général, maréchal BERTHIER.

— S. M. l'Empereur et Roi est arrivée à Munich le 9 nivôse (31 décembre), à une heure trois-quarts du matin, où elle est restée jusqu'au 17 janvier (1).

---

(1) Notre but étant uniquement de publier les Bulletins de la grande armée et de l'armée d'Italie, il n'est pas entré dans notre plan de faire connaître les fêtes données à LL. MM. II. et RR.

— Le 1er janvier 1806, à dix heures du matin, un hérault d'armes, escorté d'une partie considérable de la cavalerie bourgeoise, a parcouru les divers quartiers de la ville de Munich, et y a fait, au son des trompettes, des timbales et des tambours, et aux acclamations réitérées d'un peuple immense qui se pressait à chaque place, à chaque carrefour, à chaque rue, la proclamation dont la teneur suit :

» Par la grace de Dieu, la dignité du souverain de la Bavière ayant retrouvé son ancienne splendeur, et étant remontée à un haut degré de puissance, et cet Etat ayant repris le rang qu'il occupait jadis pour le bonheur de ses sujets et la gloire du pays,

» On fait connaître que S. A. S. le puissant Prince et Seigneur *Maximilien-Joseph*, est par les présentes solennellement proclamé

» Roi de Bavière et de tous les pays en dépendants.

» Vive long-temps heureux Maximilien-Joseph, notre très-gracieux Roi !

» Que Caroline, notre très-gracieuse Reine, vive long-temps heureuse «!

Ainsi fait et publié dans la capitale et résidence royale à Munich, le 1er janvier 1806.

— Le 6, S. M. l'Empereur et Roi a adressé au sénat le traité de paix, et lui a annoncé le mariage de S. A. S. le prince Eugène, vice-roi d'Italie, avec la princesse Augusta, fille du roi de Bavière.

---

dans toutes les villes par où elles ont passé. Ce n'est point d'ailleurs dans une simple Notice que l'on peut décrire les transports de joie, la satisfaction et le dévouement des différents peuples qui ont eu le bonheur de voir et d'admirer le vainqueur d'Austerlitz et son illustre épouse.

La lettre de S. M. est ainsi conçue :

» Sénateurs,

» La paix a été conclue à Presbourg et ratifiée à Vienne entre moi et l'Empereur d'Autriche. Je voulais, dans une séance solennelle, vous en faire connaître moi-même les conditions; mais, ayant depuis long-temps arrêté, avec le roi de Bavière, le mariage de mon fils le prince Eugène avec la princesse Auguste sa fille, et me trouvant à Munich au moment où la célébration dudit mariage devait avoir lieu, je n'ai pu résister au plaisir d'unir moi-même les jeunes époux, qui sont tous deux le modèle de leur sexe. Je suis, d'ailleurs, bien-aise de donner à la maison royale de Bavière, et à ce brave peuple bavarois, qui, dans cette circonstance, m'a rendu tant de services et montré tant d'amitié, et dont les ancêtres furent constamment unis de politique et de cœur à la France, cette preuve de ma considération et de mon estime particulière.

» Le mariage aura lieu le 15 janvier. Mon arrivée au milieu de mon peuple sera donc retardée de quelques jours. Ces jours paraîtront longs à mon cœur; mais, après avoir été sans cesse livré aux devoirs d'un soldat, j'éprouve un tendre délassement à m'occuper des détails et des devoirs d'un père de famille. Mais ne voulant point retarder davantage la publication du traité de paix, j'ai ordonné, en conséquence de nos statuts constitutionnels, qu'il vous fût communiqué sans délai, pour être ensuite publié comme loi de l'Empire. «

Donné à Munich, le 6 janvier 1806.

Signé NAPOLÉON.

Par l'Empereur,

Le ministre secrétaire-d'état, signé H. B. MARET.

— Le 12, S. M. a adressé au sénat la lettre suivante :

» Sénateurs,

» Le sénatus-consulte organique du 18 floréal an 12 a pouvu à tout ce qui était relatif à l'hérédité de la couronne impériale en France.

» Le premier statut constitutionnel de notre royaume d'Italie, en date du 19 mars 1805, a fixé l'hérédité de cette couronne dans notre descendance directe et légitime, soit naturelle, soit adoptive (1).

» Les dangers que nous avons courus au milieu de la guerre, et que se sont encore exagérés nos peuples d'Italie, ceux que nous pouvons courir en combattant les ennemis qui restent encore à la France, leur font concevoir de vives inquiétudes : ils ne jouissent pas de la sécurité que leur offre la modération et la libéralité de nos lois, parce que leur avenir est encore incertain.

» Nous avons considéré comme un de nos premiers devoirs de faire cesser ces inquiétudes.

» Nous nous sommes en conséquence déterminés à adopter, comme notre fils, le prince Eugène, archichancelier d'état de notre Empire et vice-roi de notre royaume d'Italie. Nous l'avons appelé, après nous et nos enfants naturels et légitimes, au trône d'Italie, et nous avons statué qu'à défaut, soit de notre descendance directe, légitime et naturelle, soit de la descendance du prince Eugène, notre fils, la couronne d'Italie sera dévolue au fils, ou au parent le plus proche de celui des princes de notre sang, qui, le cas arrivant, se trouvera alors régner en France.

(1) » Art. II. La couronne d'Italie est héréditaire dans sa descendance directe et légitime, soit naturelle, soit adoptive, de mâle en mâle, et à l'exclusion perpétuelle des femmes et de leur descendance, sans néanmoins que son droit d'adoption puisse s'étendre sur une autre personne qu'un citoyen de l'empire français ou du royaume d'Italie. (Statut constitutionnel du royaume d'Italie. — 19 mars 1805) «.

» Nous avons jugé de notre dignité que le prince Eugène jouisse de tous les honneurs attachés à notre adoption, quoiqu'elle ne lui donne des droits que sur la couronne d'Italie ; entendant que, dans aucun cas ni dans aucune circonstance, notre adoption ne puisse autoriser ni lui, ni ses descendants, à élever des prétentions sur la couronne de France, dont la succession est irrévocablement réglée par les constitutions de l'Empire.

» L'histoire de tous les siècles nous apprend que l'uniformité des lois nuit essentiellement à la force et à la bonne organisation des empires, lorsqu'elle s'étend au-delà de ce que permettent, soit les mœurs des nations, soit les considérations géographiques.

» Nous nous réservons, d'ailleurs, de faire connaître par des dispositions ultérieures les liaisons que nous entendons qu'il existe après nous, entre tous les Etats fédératifs de l'empire français. Les différentes parties indépendantes entr'elles, ayant un intérêt commun, doivent avoir un lien commun.

» Nos peuples d'Italie accueilleront avec des transports de joie les nouveaux témoignages de notre sollicitude. Ils verront un garant de la félicité dont ils jouissent, dans la permanence du gouvernement de ce jeune prince, qui, dans des circonstances si orageuses, et sur-tout dans ces premiers moments si difficiles pour les hommes même expérimentés, a su gouverner par l'amour, et faire chérir nos lois.

» Il nous a offert un spectacle dont tous les instants nous ont vivement intéressé. Nous l'avons vu mettre en pratique, dans des circonstances nouvelles, les principes que nous nous étions étudiés à inculquer dans son esprit et dans son cœur, pendant tout le temps où il a été sous nos yeux. Lorsqu'il s'agira de défendre nos peuples d'Italie, il se montrera également digne d'imiter et de renouveller ce que nous pouvons avoir fait de bien dans l'art si difficile des batailles.

» Au même moment où nous avons ordonné que notre quatrième statut constitutionnel fût communiqué aux trois collèges d'Italie, il nous a paru indispensable de ne pas différer un instant à vous instruire des dispositions qui asseoient la prosperité et la durée de l'Empire sur l'amour et l'intérêt de toutes les nations qui le composent. Nous avons aussi été persuadés que tout ce qui est pour nous un sujet de bonheur et de joie, ne saurait être indifférent ni à vous, ni à mon peuple.

» Donné à Munich, le 12 janvier 1806. «

Signé Napoléon.

Par l'Empereur,

Le ministre secrétaire-d'état, signé H.-B. Maret.

—Les cérémonies du Mariage de S. A. I. le prince Eugène-Napoléon de France, vice-roi d'Italie, avec la princesse royale Auguste-Amélie de Bavière, ont eu lieu à Munich les 13 et 14 janvier.

— Le 17, LL. MM. l'Empereur et l'Impératrice sont parties pour Stuttgard, où elles sont arrivées le lendemain à quatre heures après midi.

— Le 20 à midi, LL. MM. II. et RR. sont parties de Stuttgard et sont arrivées à Carlsruhe le même jour à 7 heures du soir.

— Le 22 à 6 heures du soir LL. MM. sont arrivées à Strasbourg.

— Enfin, LL. MM. l'Empereur et Roi, et l'Impératrice-Reine, après une absence d'environ quatre mois, sont arrivées à Paris, la nuit du 26 au 27.

— Et le 28, S. M. l'Empereur et Roi, a reçu sur son trône les hommages et félicitations des principales autorités constituées.

Suite des Détails relatifs au Royaume de Naples. (Voyez ci-devant page 154 et suivantes.)

Extrait du Moniteur, nº 42.

Naples, le 28 *janvier*. Les russes sont partis de Naples il y a quinze jours, en deux convois. Il ne reste à Baya, dans la rade de Naples, que deux frégates russes. Tous les généraux russes sont partis. Ils ont rendu au roi les chevaux qu'ils avaient requis. On pense qu'ils sont partis pour Corfou.

Les anglais sont partis de Naples il y a vingt jours. Ils avaient occupé Fondi, Tirano, Itri, Moli, etc. Ils n'ont jamais occupé *Gaëta*. Le général *Filistad*, au service de Naples, occupe cette place avec une garnison de 2500 napolitains environ, troupes de ligne; il a toujours refusé d'y recevoir les anglais.

C'est le général napolitain Gualeneo qui commande à Capoue; il a sous ses ordres deux régiments de ligne napolitains.

Toutes les masses sont dissoutes. Le restant des troupes napolitaines occupe Naples, le fort Saint-Elme, le fort dell'Oro, et quelques places de la Pouille. Les Abruzzes sont évacuées.

Le général Damas est à Naples. On assure que le roi l'a forcé à donner sa démission.

M. le baron Acton, frère de l'ex-ministre, est inspecteur-général des troupes à Naples. Le général Gamez commande en chef dans cette ville.

Le roi est parti jeudi dernier pour Palerme sur un vaisseau napolitain, suivi de deux frégates. Le prince royal, la reine et la famille royale sont à Naples. Tous les meubles précieux du palais royal sont embarqués, ainsi que tous les fonds qui étaient dans les caisses publiques.

Il reste, dans le port de *Baya*, deux frégates napolitaines prêtes à mettre à la voile, avec plusieurs chaloupes canonnières armées.

Il y a un corps de 600 chasseurs en avant d'Itri, entre Fondi et Itri, à trois milles de cette dernière ville ; le restant des troupes est dans *Gaëta* même.

Un nommé *fra Diavolo*, chef des insurgés, est entré à Itri avec environ 150 brigands. Il avait intimé à un grand nombre de communes de marcher contre les français ; elles ont refusé.

Il n'y a point de troupes à *San-Germano* ni à Aquila, à Solmona ni à Popoli. Avant son départ, le roi ordonna la dissolution de toutes les masses d'insurgés.

Les quatre régiments étrangers au service de Naples, dont deux suisses et deux albanais, sont cantonnés dans la Pouille et occupent *Foggia*, *Lucera*, *Cerignola*, *Ponte di Bovino*.

On n'a fait aucun retranchement ni ouvrages de campagne en avant de *Gaëta* ni de *Capoue*.

Le duc d'Ascoli, ministre de la police à Naples, maintient sévèrement le bon ordre dans cette capitale; les Lazaronis le craignent, et jusqu'ici ils n'ont fait aucun mouvement.

Extrait du n° 50.

Le prince Joseph a porté son quartier-général à Ferentino. Le 8 février, le Garigliano a été passé par son avant-garde à Ciprano. L'armée s'est mise en marche sur Naples, la droite commandée par le général Regnier, le centre par le maréchal Masséna, et la gauche par le général Lecchi, commandant le corps des troupes italiennes.

Le prince a adressé aux soldats et aux peuples de Naples les proclamations suivantes :

» Joseph-Napoléon, prince français, grand-électeur de l'Empire, lieutenant de l'EMPEREUR, commandant en chef son armée de Naples, gouverneur des royaumes de Naples et de Sicile.

» Peuples du royaume de Naples,

» L'EMPEREUR DES FRANÇAIS et ROI D'ITALIE, voulant éloigner de vous les calamités de la guerre, avait signé avec votre cour un traité de neutralité. Il croyait assurer par-là votre tranquillité, au milieu du vaste incendie dont la troisième coalition menaçait l'Europe.

» Mais la cour de Naples s'est engagée de plein gré parmi nos ennemis, et a ouvert ses Etats aux russes et aux anglais.

» L'EMPEREUR DES FRANÇAIS, dont la justice égale la puissance, veut donner un grand exemple, commandé par l'honneur de sa couronne, par les intérêts de son peuple, et par la nécessité de rétablir en Europe le respect qu'on doit à la foi publique.

» L'armée que je commande marche pour punir cette perfidie; mais vous, peuples, vous n'avez rien à craindre; ce n'est pas contre vous que sont dirigées ces armes. Les autels, les ministres de votre culte, vos lois, vos propriétés seront respectés. Les soldats français seront vos frères.

» Si, contre les intentions bienfaisantes de Sa Majesté, vous prenez les armes, la cour, qui vous excite, vous sacrifie à ses fureurs. L'armée française est telle que toutes les forces promises à vos princes, fussent-elles sur votre territoire, ne sauraient les défendre.

» Peuples, soyez sans inquiétude; cette guerre sera pour vous l'époque d'une paix solide et d'une prospérité durable.

» Au quartier-général de Ferentino, le 9 février 1806 «.

ORDRE DU JOUR.

Au quartier-général de Ferentino, le 9 février 1806.

Soldats,

» L'EMPEREUR DES FRANÇAIS et ROI D'ITALIE, notre auguste frère et souverain, en m'appelant à l'honneur de vous commander, m'a donné le témoignage de son estime le plus précieux pour un français.

» Nous combattrons les russes et les anglais s'ils se présentent; nous punirons la cour qui les a appelés au mépris des stipulations les plus sacrées; mais nous respecterons les peuples.

» Vous aurez pour les ministres des autels, pour les citoyens paisibles, tous les égards que commande leur état; nous les prenons sous notre spéciale protection.

» Si les troupes de la coalition s'éloignent, si les napolitains se montrent indifférents à la cause d'une cour qui, depuis dix années, n'a cessé de trahir les intérêts les plus chers, il ne nous restera que la gloire d'une exacte discipline «.

*Le lieutenant de l'*EMPEREUR, *commandant en chef l'armée de Naples*,

Signé JOSEPH-NAPOLÉON.

Extrait du n° 56.

Le prince Joseph-Napoléon écrit à S. M. l'EMPEREUR, du quartier-général de Capoue, le 14 février, pour lui annoncer que ses ordres sont remplis; qu'il a divisé son armée en trois corps; qu'il a marché avec le centre, dont il a donné le commandement immédiat au maréchal Masséna, par San-Germano et Capoue; que la droite, commandée par le général Regnier, a marché par Terracine et Gaëte, et que la gauche, composée des corps italiens, commandée par le général Lecchi, a débouché par Itri.

Le général Regnier, arrivé à Gaëte, a envoyé au prince de Hesse, qui commandait la place, la sommation ci-jointe:

Monsieur le général,

» Avant de poursuivre les opérations qui doivent me rendre maître de la place que vous commandez, je vous invite à réfléchir sur votre situation, et sur la nécessité où vous vous trouvez de rendre Gaëte à l'armée: vous avez peu de garnison, peu de moyens de défense, et aucun espoir de secours; dans peu de jours, je vous aurai réduit à l'extrémité, et vous n'ignorez pas ce que la garnison et les habitants auraient alors à souffrir. Vous savez que rien ne peut s'opposer à la marche victorieuse de l'armée française; que, dans peu de temps, le royaume sera conquis, et changera de maître. Aujourd'hui, monsieur le général, je vous accorderai une capitulation avec tous les honneurs de la guerre, et je vous invite à remettre de suite votre réponse à mon aide-de-camp : ce soir il ne serait plus temps ; je ne puis pas retarder davantage la suite des opérations contre Gaëte.

» J'ai l'honneur, monsieur le général, de vous saluer avec la considération la plus distinguée «.

Signé REGNIER.

Réponse.

Monsieur le général,

» Ayant reçu du roi les ordres répliqués de défendre cette place jusqu'à la dernière extrémité, et m'en ayant fourni tous les moyens, je ne puis moins faire que d'obéir. Je vous préviens en conséquence que je ne puis accepter la capitulation que vous m'offrez, et suis dans l'intention de répondre à la confiance que le roi a en moi. Malgré cela, j'ai l'honneur d'être avec toute la considération possible,

Monsieur le général,

Votre très-humble et très-obéissant serviteur,

Signé le prince HASSIA.

Pour copie conforme,

Le général de division, *Signé* REGNIER.

D'après la réponse du prince de Hesse, le général Regnier fit attaquer la redoute de Saint-André, armée par six pièces de canon, et l'enleva. Le général Grigny a eu la tête emportée par un boulet. C'était un officier distingué que l'armée regrette. Il laisse une femme et une fille. Le prince Joseph les a recommandées à l'EMPEREUR, et lui a demandé la permission de leur accorder une pension.

Le 12 février, le corps du centre investit Capoue, qui a répondu à une sommation par du canon. Le 13, au matin, des députés de la ville de Naples se sont présentés au prince et ont signé la reddition de Gaëte, de Capoue, de Pescara, de Naples et des autres forts. (Voyez les pièces ci-jointes, B, C, D, E.)

Le général Partouneaux est entré à Naples ; les forts ont été sur-le-champ occupés, et le 15 le prince Joseph partait pour s'y rendre. Les officiers napolitains ayant demandé à servir, le prince a formé des corps napolitains, et y a fait entrer aussi les officiers napolitains qui étaient à la solde du royaume d'Italie. Il a nommé M. Pignatelli lieutenant-colonel dans le régiment de dragons Napoléon, colonel du 1er regiment d'infanterie légère napolitaine.

Le prince Joseph a été à Caserte; les bâtiments lui ont paru très-beaux et d'une grande somptuosité. Revenus de la première terreur, les peuples de Naples ont montré beaucoup d'empressement pour les français. Ils ont la plus grande haine pour les anglais. Cette nation est détestée de tout le continent, et l'a bien mérité.

S. M. l'EMPEREUR assistait à la représentation d'*Athalie* lorsqu'il apprit la nouvelle de l'entrée de son armée à Naples. Il a chargé le général Mouton, aide-de-camp de service près de lui, de faire annoncer par Talma, après le premier acte, cette nouvelle et la punition du parjure de la reine de Naples.

Le sceptre de plomb de cette moderne Athalie vient d'être brisé sans retour. Le plus beau pays de la terre aura désormais un gouvernement ferme, mais libéral. L'EMPEREUR rétablira le royaume de Naples pour un prince français; mais il le rétablira fondé sur les lois et l'intérêt des peuples, et sur le grand principe que l'existence du trône, l'éclat et la puissance dont sont environnés les souverains, la perpétuité du pouvoir et l'hérédité, sont des institutions faites pour le service et l'organisation des peuples. L'Europe entière verra avec satisfaction expulsée du trône une reine qui a tant abusé de la souveraine puissance, dont tous les pas ont été marqués par des révolutions, des parjures et du sang. On la hait et on la méprise à Vienne autant qu'on la hait et qu'on la méprise à Naples: mais déjà sa mémoire est du ressort de l'histoire, car le nouveau royaume de Naples fait désormais partie des états fédératifs de l'empire français, et il faudra ébranler cet empire dans ses fondements avant qu'on puisse y toucher. On ne pourra pas, dans cette circonstance, accuser la France d'ambition. Que pouvait-elle faire plus que de pardonner trois fois dans l'espace de peu d'années? Et quel traité pouvait-elle faire avec une puissance qui venait de déchirer, vingt-cinq jours après qu'elle l'avait ratifié, le traité le plus avantageux pour elle et le plus solemnel?

L'honneur de la France et la nature des choses ont précipité la ruine du trône de Naples, puisqu'il n'y avait plus de possibilité de conclure aucun traité. D'ailleurs, l'occupation des trônes de Milan et de Naples par des princes français est à peine l'équivalent de l'occupation des trônes de Naples et d'Espagne par des princes français de la troisième dynastie.

Quant au royaume de Naples, le moindre de ses avantages sera de jouir de la liberté du commerce, et de n'être plus soumis aux pirateries des algériens; mais le premier et le plus naturel de tous sera de n'être plus exposé à être le théâtre de la guerre, d'être gouverné par des principes fixes, selon le bonheur et l'intérêt de ses peuples, et non par des passions furibondes et insensées.

Ce qui fait l'éloge de la nation napolitaine, c'est que les principaux agents qui ont entraîné la ruine du trône étaient des toscans et des personnes étrangères dans le pays. On sait que M. Acton était anglais d'origine et d'inclination; qu'il avait placé ses fonds en Angleterre, et qu'il ne jugeait jamais les intérêts du royaume de Naples que par l'intérêt de l'Angleterre.

Nous pouvons le dire sans être prophètes : la maison qui de nouveau sacrifiera le repos, l'intérêt et le bonheur du continent aux caprices et aux guinées de ces avides et insatiables spéculateurs, perdra son trône au grand applaudissement de tous les peuples du continent et de toute notre génération qui, après avoir été si long-temps agitée, a enfin besoin de trouver la paix et la tranquillité, et qu'on ne peut plus abuser par de vaines paroles.

(B.)

Teano, le 13 février 1806.

Conditions que S. A. I. le prince Joseph, commandant en chef l'armée de Naples, a bien voulu accorder à la garnison de Gaëte :

1° Les honneurs de la guerre, sortant avec armes et bagages; les armes seront déposées sur les glacis; les officiers seulement garderont leurs épées et leurs bagages;

2° Les munitions de guerre en tout genre appartiendront à l'armée française;

3° Tous les bâtiments armés en guerre appartiendront à l'armée;

4° Enfin, tout ce qui est dans la place, magasins et autres seront au pouvoir de l'armée.

(C.)

Teano, le 13 février 1806.

Il est convenu que la garnison de la place de Capoue restera prisonnière de guerre, et que ladite place sera remise lorsque les troupes françaises se présenteront pour l'occuper.

S. A. I. le prince Joseph veut bien accorder aux officiers leurs épées et leurs bagages.

(D.)

Teano, le 13 février 1806.

Il est convenu que la garnison de la place de Pescara

restera

restera prisonnière de guerre, et que ladite place sera remise lorsque les troupes françaises se présenteront pour l'occuper.

S. A. I. le prince Joseph veut bien accorder aux officiers leurs épées et leurs bagages.

(E.)

Les forts Saint-Elme, de l'Œuf, del Carmine, Castelnovo, Baya, la ville de Naples, seront remis aux troupes de l'armée de S. M. l'Empereur et Roi, dès qu'elles se présenteront. Il en sera de même de la province de la Pouille.

S. A. I. le prince Joseph engage sa parole d'honneur envers MM. le duc Campo-Chiaro et le marquis de Malespina, députés de la régence de la ville de Naples, d'accorder, aux troupes qui défendent les forts et la ville, les honneurs de la guerre; ils déposeront leurs armes hors la ville; il leur sera accordé, aux officiers, la permission de garder leur épée et leurs bagages, aux soldats leurs bagages.

Toutes les troupes réglées seulement sont comprises dans cet article.

Les soldats et officiers seront libres d'aller où bon leur semblera, après avoir déposé leurs armes hors la ville.

S. A. I. le prince Joseph, lieutenant de l'Empereur, promet protection et sûreté aux propriétés des habitans de la ville de Naples et des provinces qui se soumettront aux armes de S. M. l'Empereur des Français; il réprimera par la force ceux qui chercheraient à troubler la tranquillité publique.

Une partie de l'armée se présentera devant Naples pour prendre possession des forts, et ce sera après cette occupation que les articles convenus pour les troupes napolitaines seront exécutés.

Extrait du n° 60.

Le prince Joseph est entré à Naples le 15 février, à deux heures après midi. Il est descendu au palais-royal. Il a reçu la visite des autorités. Il a été satisfait de l'accueil et des sentiments que le public a manifestés, malgré la crainte qu'on a du retour de la reine de Naples. Cette femme vindicative, et qui a fait couler tant de sang, y est excessivement haïe et redoutée. Le lendemain, le prince a fait afficher la proclamation de l'Empereur, datée de Schoenbrünn (1). Cette garantie a fait le plus grand plaisir à Naples. On sait que l'Empereur n'a jamais trahi la confiance des peuples. Ainsi, lorsqu'il prévit que les évènements et la politique l'obligeraient à abandonner Venise, il se tint éloigné, et ne voulut jamais y entrer ; mais aujourd'hui que Venise est pour jamais réunie aux Etats fédératifs de l'Empire, il s'y rendra à son premier voyage. C'est ainsi qu'à Vienne, voulant faire la paix avec l'Empereur, et non renverser l'ancienne monarchie, il écarta les hommes exaltés, et contint tous ceux dont les sentiments étaient opposés à la race régnante. Par sa proclamation, il garantit aujourd'hui aux napolitains leur avenir. Il leur garantit que jamais la maison de Naples ne régnera sur ce beau royaume. Cette déclaration a rassuré les plus timides. La reine de Naples avait tout emporté, non-seulement les propriétés royales, mais encore celles des particuliers ; elle a enlevé dix millions de la banque, et ruiné la plupart des familles de Naples. Une frégate, un brick et quinze bâtiments de transport, chargés de meubles, de fusils, etc. etc., ont été obligés, par la violence des vents, de venir

(1) *Voyez* page 157.

mouiller sous les batteries des côtes. Ils ont amené, et se sont rendus aux français.

Le 16, au matin, jour de dimanche, le prince Joseph est allé à la messe, qui a été célébrée par le cardinal Ruffo, archevêque de Naples. Il a fait présent à S. Janvier d'un beau collier de diamants. Cette cérémonie a excité une vive joie parmi cette population, qui a la plus grande vénération pour ce saint.

L'armée française a encore trouvé dans l'arsenal plus de deux cents pièces de canon et deux cents milliers de poudre.

Une frégate que montait la reine de Naples a été considérablement maltraitée par la tempête.

L'armée française est en grande marche pour la Calabre.

Nota. *Le royaume de Naples étant conquis par les troupes de S. M. l'Empereur et Roi, nous bornerons ici les Bulletins des Armées françaises, afin de ne pas retarder plus long-temps la publication de ce Recueil, que nous croyons devoir terminer par le Discours de S. M. à l'ouverture des séances du Corps-Législatif, le 2 mars* 1806.

» Messieurs les députés des départements au corps législatif, messieurs les tribuns et les membres de mon conseil-d'état, depuis votre dernière session, la plus grande partie de l'Europe s'est coalisée avec l'Angleterre. Mes armées n'ont cessé de vaincre que lorsque je leur ai ordonné de ne plus combattre. J'ai vengé les droits des états faibles, opprimés par les forts. Mes alliés ont augmenté en puissance et en considération ; mes ennemis ont été humiliés et confondus ; la maison de Naples a perdu sa couronne sans retour : la presqu'île de l'Italie toute entière fait partie du grand Empire. J'ai garanti, comme chef suprême, les souverains et les constitutions qui en gouvernent les différentes parties.

» La Russie ne doit le retour des débris de son armée qu'au bienfait de la capitulation que je lui ai accordée. Maître de renverser le trône impérial d'Autriche, je l'ai raffermi. La conduite du cabinet de Vienne sera telle que la postérité ne me reprochera pas d'avoir manqué de prévoyance. J'ai ajouté une entière confiance aux protestations qui m'ont été faites par son souverain. D'ailleurs, les hautes destinées de ma couronne ne dépendent pas des sentiments et des dispositions des cours étrangères. Mon peuple maintiendra toujours ce trône à l'abri des efforts de la haine et de la jalousie ; aucun sacrifice ne lui sera pénible pour assurer ce premier intérêt de la patrie.

» Nourri dans les camps, et dans des camps toujours triomphants, je dois dire cependant que, dans ces dernières circonstances, mes soldats ont surpassé mon attente ; mais il m'est doux de déclarer aussi que mon peuple a rempli tous ses devoirs. Au fond de la Moravie je n'ai pas cessé un instant d'éprouver les effets de son amour et de son enthousiasme. Jamais il ne m'en a donné des marques qui aient pénétré mon cœur de plus douces émotions. Français ! je n'ai pas été trompé dans mon espérance. Votre amour, plus que l'étendue et la richesse de votre territoire, fait ma gloire. Magistrats, prêtres, citoyens, tous se sont montrés dignes des hautes destinées de cette belle France, qui, depuis deux siècles, est l'objet des ligues et de la jalousie de ses voisins.

» Mon ministre de l'intérieur vous fera connaître les événements qui se sont passés dans le cours de l'année. Mon conseil-d'état vous présentera des projets de lois pour améliorer les différentes branches de l'administration. Mes ministres des finances et du trésor public vous communiqueront les comptes qu'ils m'ont rendus ; vous y verrez l'état prospère de nos finances. Depuis mon retour je me suis occupé sans relâche de rendre à l'administration ce ressort et cette activité qui portent la vie jusqu'aux extrémités de ce vaste empire. Mon peuple ne supportera pas de nouvelles charges ; mais il vous sera proposé de nouveaux développements au système des finances dont les bases ont été posées l'année dernière. J'ai l'intention de diminuer les impositions directes qui pèsent uniquement sur le territoire, en remplaçant une partie de ces charges par des perceptions indirectes.

» Les tempêtes nous ont fait perdre quelques vaisseaux après un combat imprudemment engagé. Je ne saurais trop me louer de la grandeur d'ame et de l'attachement que le roi d'Espagne a montrés dans ces circonstances pour la cause commune. Je désire la paix avec l'Angleterre. De mon côté, je n'en retarderai jamais le moment. Je serai toujours prêt à la conclure, en prenant pour bases les stipulations du traité d'Amiens. Messieurs les députés au corps législatif, l'attachement que vous m'avez montré, la manière dont vous m'avez secondé dans les dernières sessions, ne me laisse point de doute sur votre assistance. Rien ne vous sera proposé qui ne soit nécessaire pour garantir la gloire et la sûreté de mes peuples ».

TABLE

Des Bulletins et autres Articles contenus dans ce Recueil.

Fin de la Table.

ESSAI TYPOGRAPHIQUE

D'UNE CARTE DU THÉATRE DE LA GUERRE CONTINENTALE DE L'AN XIV,

INDIQUANT la situation, d'après diverses Cartes d'Allemagne, d'une partie des Fleuves du Rhin et du Danube, des Rivières de l'Inn, de l'Iser et de l'Ens, et des principales Villes et Positions citées dans les Bulletins des Armées françaises, des mois de Vendémiaire, Brumaire et Frimaire de la même année.

NOTA. Les Cartes géographiques diffèrent entr'elles. Cet Essai a été calqué sur plusieurs, notamment sur celle de Herisson ; *Paris*, 1805. — Nous avons adopté, pour l'indication des Villes et Positions indistinctement, un petit o ou zéro. Lors de l'exécution typographique d'ouvrages de ce genre, on pourrait employer d'autres signes et les varier au besoin. On pourrait aussi, dans une Carte tracée sur une plus grande échelle, indiquer les principales rivières et les grandes routes. — Les Cartes *Typo-géographiques* sont susceptibles d'être enluminées comme les autres.

Longitude du Méridien de l'Isle-de-Fer.

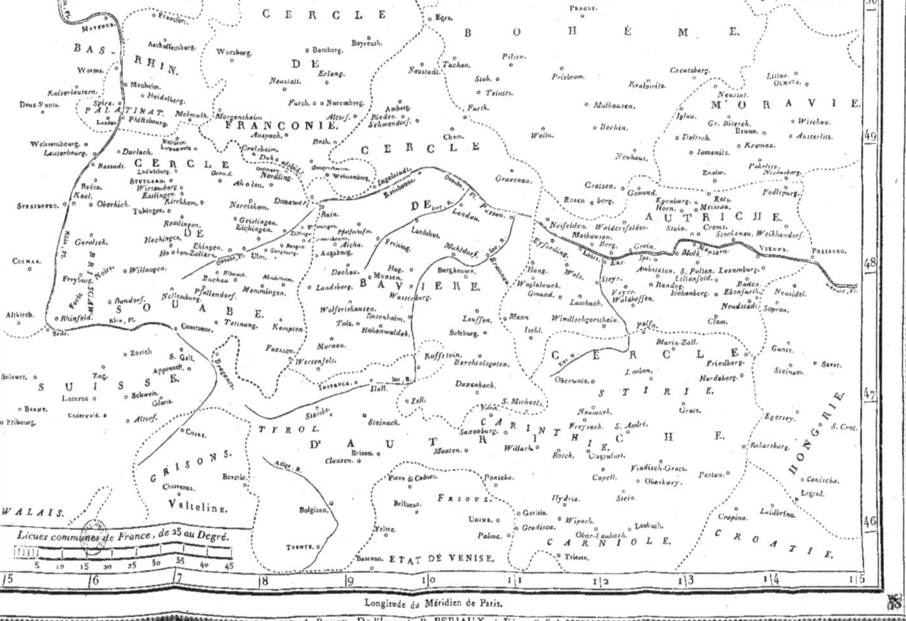

Longitude du Méridien de Paris.

A ROUEN. De l'Imp. de P. PERIAUX. (Fév. 1806.)

www.ingramcontent.com/pod-product-compliance
Ingram Content Group UK Ltd.
Pitfield, Milton Keynes, MK11 3LW, UK
UKHW021045220726
13924UKWH00005B/2017